LA DESCHAMPS

FILLE D'OPÉRA, VENDEUSE D'AMOUR

Il a été tiré

Cinq cent trente exemplaires numérotés, dont :

10 exemplaires sur Japon impérial (1 à 10)
20 exemplaires sur Hollande Van Gelder (11 à 30)
500 exemplaires sur « Vellum » anglais (31 à 530)

N° 

Paris galant au dix-huitième siècle

Fille d'Opéra, vendeuse d'amour

HISTOIRE DE Mlle DESCHAMPS

(1730-1764)

RACONTÉE D'APRÈS DES NOTES DE POLICE
ET DES DOCUMENTS INÉDITS

PAR

G. CAPON et R. YVE-PLESSIS

Ouvrage orné de quatre planches en couleurs,
d'un plan et de deux fac-simile

PLESSIS, LIBRAIRE
23, rue de Châteaudun, Paris

—

1906

FILLE D'OPÉRA, VENDEUSE D'AMOUR

*La tâche que nous avons assumée n'est point d'écrire
la biographie d'une « actrice ». Bien que Marie-Anne
Pagès, dite Mlle Deschamps l'aînée, ait appartenu, neuf
années durant, au corps de ballet de l'Opéra, où nous
trouvons son nom sur les contrôles et dans la distribution des spectacles de 1749 à 1759, ses aventures ne se
rattachent que de loin à l'histoire de l'Art dramatique
ou chorégraphique.*

*Nous avons voulu, l'étayant de pièces inédites pour
la plupart, reconstituer une vie de « fille de théâtre »
au dix-huitième siècle.*

*Appartenir à l'Opéra, vers ce milieu du règne de
Louis XV, c'est, pour une femme galante un peu cotée,
la consécration presque indispensable de sa célébrité
spéciale. C'est aussi le moyen, pour cette femme,
d'échapper à l'arbitraire policier : la pensionnaire d'un
théâtre royal ne dépendant que des gentilshommes de
la Chambre ou des intendants des Menus, c'est-à-dire
du Roi.*

*Une fille sans parents, sans amis, sans talents (écrit Che-
vrier), n'a d'asyle que celui de l'Opéra. Il suffit qu'elle soit*

"

belle, pour être présentée aux yeux avides du public. Ornée de l'uniforme des chœurs, ou parée de la garde-robe des vestales surnuméraires, destinées à représenter dans les gloires, *elle arrive sur le théâtre pour garnir la scène, elle y reste deux heures sans rien dire, et sort comblée d'éloges. Croiroit-on qu'en France une femme pût réussir sans parler ? Eh ! oui, la beauté n'est faite que pour opérer ces miracles. Cette actrice muette fixe les regards d'un jeune étranger ou d'un vieux financier ; on lui dit qu'elle plaît, elle le croit ; on lui propose de se* donner à bail *pour quelques mois, elle y consent ; on discute, on marchande ; le prix une fois réglé, elle s'annonce comme une* demoiselle entretenue, *elle ne sort que dans l'équipage de* monsieur, *et voilà la célébrité décidée pour l'amant et pour elle ; ce* monsieur, *au reste, n'est qu'un homme d'habitude, qui, prenant bientôt le ton d'un mari, en essuie le sort (1).*

Mlle *Deschamps l'aînée, réunissait bien les qualités négatives requises par le libelliste. Elle était sans talent. Rouée, vaniteuse, intéressée ; elle n'était pas sans charmes. Elle devait réussir et elle réussit en effet.*

(1) Chevrier : *Les ridicules du siècle,* 1752, in-8 (tome III des *Œuvres,* pp. 45-46).

I

Marie-Anne Pagès était née à Paris, vers 1730. La date de sa naissance est encore plus imprécise que celle de sa mort ; aucun document officiel ne fixera la postérité sur son état-civil. On sait simplement qu'elle était fille d'un savetier pour dames du cul-de-sac Dauphine, près le passage des Tuileries. Mais on ignore tout de sa première jeunesse qui dut être celle des enfants de la rue, champignons poussés entre deux pavés.

Apparemment, elle trouvait la vie morose au logis familial, puisque, dès l'âge de quatorze ans, elle décampait avec sa sœur de l'échope paternelle, dans l'intention très arrêtée de vivre de libertinage.

Les deux gamines tiraient aussitôt chacune de son bord, et Marie-Anne se réfugiait chez une certaine demoiselle Leroy, qu'on appelait aussi Perrault, du nom de son souteneur, un soldat aux gardes. Procureuse achalandée de la rue Lévêque, à la butte Saint-

Roch, la Leroy ménageait à la néophyte, pleine de bon vouloir et disposée à faire à tout venant beau jeu, les moyens de gagner, en peu de temps, la robe de taffetas et l'ajustement de grisette qui la mettaient en état de figurer plus décemment.

Mais la clientèle de la Leroy, clientèle mitoyenne, n'était ni d'épée ni de grande robe ; la petite Pagès, ambitieuse, visait à mieux. Elle avait ouï vanter les succès d'entremetteuse de la Beaumont, forte femme blonde et mafflue qui logeait rue Traversière et passait pour avoir des adresses de riches habitués. On citait parmi les meilleures « élèves » de la Beaumont les demoiselles Mainville et Désirée, qu'elle avait lancées sur le haut trottoir et bien pourvues, les associant à ses travaux, en les faisant successivement passer pour ses nièces. Marie-Anne voulut être, à son tour, la parente adoptive d'une tante aussi fructueuse (1).

Toutefois elle ne demeurait pas longtemps à l'école de cette proxénète. Une concurrente de celle-ci, la nommée Morisson, décidait l'apprentie à achever chez elle son noviciat.

Le marquis de Ximénès, sous-lieutenant de gendarmerie, qui, venant d'hériter, faisait alors grand fracas, était le premier à s'intéresser à son sort (2). Marie-Anne était petite, fort blanche ; le nez un peu camard et retroussé, mais les yeux vifs et beaux ; visage rond, gorge ronde ; cheveux et sourcils noirs. Sans être régulièrement jolie, elle offrait un de ces profils de fantaisie qui réjouissent la vue des hommes.

Son jeune amant la tirait du boucan de la Morisson et lui meublait un appartement convenable. Maî-

(1) Voir aux Annexes, à la fin du volume (Annexe A) une note de police sur la Beaumont.

(2) Auguste-Marie, marquis de Ximénès, né en 1726 (mort en 1817). Mestre de camp après Fontenoy, il fut surtout connu pour ses amours avec la Clairon et ses relations avec Voltaire. Il avait perdu son père en 1742.

tresse d'un marquis à la mode après avoir débuté maîtresse de tout-le-monde, il n'en fallait pas tant pour tourner une cervelle de quinze ans. La fille du savetier prenait les grands airs d'une authentique marquise ; bien plus, elle en usurpait le titre. Elle aimait encore à s'en parer alors que, M. de Ximénès l'ayant lâchée pour rejoindre l'armée, elle entrait comme danseuse à l'Opéra-Comique de la foire.

A l'Opéra-Comique, elle nouait connaissance avec Parmentier, garçon de ressource, sans ressources bien fixes, mais homme de toutes mains et prêt à tous métiers. Il avait été, disait-on, contrôleur de la bouche et de l'argenterie chez une duchesse ; place lucrative et qui lui aurait permis de soutenir un train honorable. Malencontreusement, il s'éprenait de la demoiselle Legrand, actrice à la Comédie-Française, pour laquelle il se faisait honneur de dépenses bêtes. Non seulement il pillait la duchesse, mais il négligeait de payer les gages des domestiques dont il avait la charge. Ceux-ci se plaignaient, et Parmentier était congédié.

Sans numéraire pour subsister, il s'improvisait courtier en pièces de théâtre. Lié avec les acteurs des différents spectacles, il louait ses services aux auteurs désireux de garder l'anonyme, ou peu soucieux de traiter directement avec les comédiens. Agent successif de Boissy, de Pontau, de Fagan, de Panard, il s'attachait surtout à découvrir les jeunes écrivains annonçant des talents littéraires (1).

Le hasard le mettait en relation avec Maurice de Saxe, qui, féru des plaisirs du théâtre, aimait à se faire suivre aux armées par une bande de comédiens. Parmentier obtenait du maréchal le privilège de lever et de commander cette troupe ambulante. Et c'est ainsi que Marie-Anne Pagès partait pour les Flandres avec de nombreux camarades, à peu près dans le même temps que l'Opéra-Comique était provisoirement supprimé à Paris.

Cette suppression laissait sans emploi Favart et sa femme. Le maréchal qui, déjà, n'était plus trop satisfait de Parmentier, offrait à Favart de partager le privilège de la direction. Ce dernier hésitait pour ne pas dépouiller un confrère. Mais on levait ses scrupules en faisant deux troupes d'une seule ; Favart avec l'une restait aux ordres du vainqueur de Fontenoy, tandis que l'autre, Parmentier directeur, passait aux camps de M. de Lowendahl. La demoiselle Pagès suivait Parmentier.

Au nombre des acteurs avec lesquels elle se trouvait le plus souvent en scène, entre deux canonnades, était un joli homme, Bursé, dit Deschamps, qui, lui aussi, naguère, était de l'Opéra-Comique. Il avait débuté en septembre 1741 à la foire Saint-Laurent et tenu, jusqu'en 1744, les emplois d'*amoureux*, tour à tour Clitandre, Léandre ou Valère (2). Par un de ces

(1) FAVART, *Correspondance*, 1808, 3 vol. in-8; tome I, p. XIII.
(2) Deschamps, à l'Opéra-Comique, créa les rôles de : Clitandre, dans *Les Bateliers de Saint-Cloud*, de Favart ; Léandre, dans *Les deux suivantes*, de Panard et Pontau, musique de Gillier ; Valère, dans *La capricieuse raisonnable*, de Rousselet ; Valère, dans *La fausse duègne*, de Favart ; Olgar, dans *Le siège de Cythère* ; un Marquis, dans *La Fontaine de Sapience*, de Laffichard et Valois ; Valère, dans l'*Ambigu de la Folie*, de Favart. (CAMPARDON : *Les Spectacles de la foire*, 1877, 2 vol. in-8 ; tome I, p. 244).

coups de cœur que n'esquivent pas même les gens de
théâtre, Marie-Anne s'amourachait éperduement de
Deschamps, ce qui ne tirait point à conséquence ; et,
folie plus grave, allait jusqu'à l'épouser (1747).

III

Deschamps avait-il contracté un mariage d'amour ?
Ou bien ne voyait-il dans sa femme, jeune et do-
due, qu'une mine à exploiter pour l'avenir ? Il serait
téméraire de se prononcer ; car la première querelle
du ménage semblait révéler un Deschamps soucieux
de l'honneur conjugal et nullement enclin à jouer les
complaisants.

Parmi les adorateurs à qui la danseuse avait donné
dans la vue, le comte de Clermont s'était déclaré tout
des premiers.

Louis de Bourbon-Condé, comte de Clermont, prince
du sang, était abbé de son état et général de par une
dispense du Pape l'autorisant à porter les armes, de
sorte que le roi de Prusse l'appelait par moquerie le
général des bénédictins (1). De complexion amoureuse

(1) Le comte de Clermont avait reçu les ordres à neuf ans, et
avait été pourvu des abbayes de Bec, de Marmoutiers, de Saint-

et romanesque, aimant les femmes et la table au moins autant que la gloire, le prince avait laissé à Paris, en partant pour l'armée, sa maîtresse préférée, Mlle Le Duc, fille d'un suisse du Luxembourg et danseuse à l'Opéra, avec laquelle il vivait depuis 1742, et qu'il avait comblée de bienfaits, lui donnant en propre le château de Tourvoye, dépendance de son abbaye de Saint-Germain.

Mais, loin des yeux, loin du cœur ! Et, bien qu'il gardât à la châtelaine de Tourvoye le meilleur de son affection, le prince, qui voulait posséder Mlle Deschamps, l'envoyait quérir un après-midi. Sans s'attarder à la « petite oie » et aux bagatelles, il était si entreprenant que la place était rendue aussitôt qu'investie.

Or, ajoute l'histoire, la Deschamps, saisie au dépourvu dans le jardin de Son Altesse, n'avait eu pour linge de toilette que son mouchoir. Le soir du même jour, comme elle soupait tête à tête avec son mari, elle tirait par inadvertance la fatale batiste de sa poche. L'époux s'en emparait, et, soupçonneux déjà, n'avait point de peine à opposer à sa femme, par cette pièce à conviction, une preuve flagrante de son infidélité. Dénégations, cris, violences ; et Deschamps, prenant son accident au tragique, régalait sa moitié d'une ample distribution de soufflets.

La chose ne pouvait demeurer si secrète qu'elle ne vînt aux oreilles du comte de Clermont, lequel, outré de ce procédé peu honnête et indigné de la hardiesse du comédien, le faisait avertir qu'il mourrait sous la trique, s'il s'avisait encore de prendre de l'humeur contre sa femme, et même s'il se rencontrait chez elle aux heures des visites princières.

Un avis si comminatoire ne souffrait point de résistance. Deschamps se tenait coi désormais, tandis que Marie-Anne jouissait de son triomphe, publiquement proclamée maîtresse du comte de Clermont.

Cloud et de Saint-Germain-des-Prés. — Voir, sur ses amours avec Mlle Le Duc : G. Capon et R. Yve-Plessis, *Les Théâtres clandestins*, 1905, in-8 ; pp. 135-152.

Triomphe à court terme. La demoiselle Le Duc, qui possédait un enfant né des œuvres du prince, avait trop d'intérêt à conserver cet amant généreux pour ne point faire surveiller sa conduite. Instruite de ce qui se passait en Flandre et redoutant d'être débusquée par une rivale, elle feignait de tomber dangereusement malade, pour engager M. de Clermont à revenir de la guerre. Sa requête touchait précisément le prince au moment où, croyant avoir à se plaindre d'un passe-droit (le soin de prendre Berg-op-Zoom confié à Lowendahl), il méditait de renoncer à la carrière des armes. Sans plus différer, il disait adieu à ses idées de gloire et regagnait, au mois d'août 1747, son château de Berny, qui communiquait avec les caves de Tourvoye par une galerie souterraine. Mlle Le Duc avait battu la Deschamps.

IV

L^a Deschamps, pourtant, ne s'avouait pas vaincue.
Sa bonne fortune lui avait rapporté jusqu'ici
plus d'honneur que de profits. Aussi, dès qu'elle se
voyait libérée (par la paix de 1748) de son engagement
avec Parmentier, elle reprenait en hâte le chemin de
Paris, laissant Deschamps jouer la comédie à Amiens.

Il s'agissait de joindre le prince et de le recon-
quérir. Marie-Anne s'en flattait, dans la fatuité de sa
jeunesse et dans son ignorance de l'ascendant pris par
Mlle Le Duc, à la faveur du renouveau. Mais c'est en
vain qu'elle tentait l'impossible pour se rapprocher
du comte de Clermont. Toutes les portes lui demeuraient obstinément fermées.

Que faire ? Renouer avec M. de Ximénès ? La Deschamps y songeait sans doute. Mais le jeune marquis
était pris pour l'instant, fort occupé à croquer avec la
demoiselle Carville, danseuse à l'Opéra, la maigre part
de ses revenus qui avait échappé à la vigilance de

la demoiselle Mainville, sa précédente maîtresse (1).

Marie-Anne était sans argent. Cependant il fallait vivre. Et faire vivre, par surcroît, la petite fille qu'elle avait eue de Deschamps, du prince ou d'un autre, dans les premiers temps de son mariage, et qu'elle avait ramenée avec elle à Paris (2). Traquée par la misère dans le logement meublé qu'elle avait loué, rue Croix-des-Petits-Champs, chez un tapissier, Marie-Anne se souvenait de son commerce d'antan et se mettait à « détailler », à vendre de l'amour au détail, courant les chambres garnies, suppléant à la qualité des clients par la quantité.

Par bonheur, cette vie hasardeuse, au jour la journée, prenait bientôt fin par la rencontre quasi-providentielle du sieur Lany, maître et compositeur des ballets du théâtre de l'Opéra. Lany, bon garçon, promettait à Marie-Anne un engagement à l'Académie royale de musique. Selon sa coutume dans de pareils cas, il exigeait le paiement en nature d'un droit d'admission. La donzelle l'acquittait sans difficulté, déjà très apprivoisée et toujours prête à se plier aux nécessités d'état.

(1) BIBL. DE l'ARSENAL : *Archives de la Bastille*, 10235.

(2) Cette fille devait être, plus tard, une des maîtresses de Beaumarchais. Imbert dit, en effet, dans sa *Chronique scandaleuse* : « M. de Beaumarchais fait un cours de physique expérimentale avec la fille de la fameuse Deschamps. Elle entend déjà très bien les sections coniques, les lignes droites, les lois du mouvement, les principes de la superposition et tout le système de l'attraction » (*Chronique scandaleuse*, 1791, 5 vol. in-8 ; tome V, p. 125).

V

Eɴ cette année 1749, à l'entrée de la saison d'hiver,
l'Académie royale de musique réchappait à peine
d'une terrible crise qui l'avait mise à deux doigts de
la ruine.

L'Opéra se donnait alors rue Saint-Honoré, cour du
Palais-Royal, à droite en entrant, dans une bâtisse
édifiée plus d'un siècle auparavant pour les fêtes privées du cardinal de Richelieu (1). Rien, du dehors, ne
marquait un lieu de spectacle à cet endroit. Lorsque
Louis XIV avait concédé ce théâtre à Molière et à sa
troupe pour y jouer la comédie, on avait dû en ouvrir
l'accès au public par une impasse, une sorte de boyau
en cul-de-sac. A la mort de Molière, les chanteurs de
Lulli avaient déménagé les comédiens sans chef, et
l'Opéra, depuis, élisait domicile en cette salle étroite
et basse, qu'il ne devait quitter que chassé par l'in-
cendie de 1763.

(1) Sur l'emplacement actuel de la rue de Valois.

ENGAGEMENT

DE L'ACADÉMIE-ROYALE DE MUSIQUE.

J E fouffigné

âgé de   m'engage envers L'ACADÉMIE-

ROYALE DE MUSIQUE, pour

tant fur fon Théâtre, que fur celui de la Cour, même les jours extraordinaires, & me rendre exactement à toutes les Répétitions aux jours & heures qui me feront indiqués foir & 'matin, indif-ftinctement, fans pouvoir, pour raifon de ce, exiger aucune ré-tribution particuliere ; le préfent Engagement fait, moyennant la fomme de   d'appointemens, & de

    de gratification annuelle qui commenceront

à courir du

me foumettant par le préfent Engagement, à tout ce qui eft prefcrit par les Ordonnances & Réglemens Royaux, concernant le fervice de ladite **Académie**.

 Fait à Paris ce   mil fept cent

Les directeurs, en 1732, avaient bien essayé d'embellir un peu l'Opéra. Les quarante-cinq loges, les quatre balcons et l'avant-scène avaient été décorés à neuf. Sur la première loge de droite, qui était celle du Roi, ils avaient fait peindre le buste d'Apollon, et, vis-à-vis, sur la loge de la Reine, celui de Minerve. Les panneaux des deuxièmes loges avaient reçu les effigies des plus notables poètes et des Muses. Les montants séparant les loges avaient été transformés en troncs de palmiers, avec des consoles et des agrafes de sculpture rehaussées d'or ou dorées en plein. Ces palmiers, jugés du meilleur effet, avaient été répétés en peinture sur le grand rideau de la scène. Là, un autre Apollon de sept pieds, surgissant dans une gloire, ordonnait au Génie de l'invention, porteur d'un flambeau, d'aller échauffer l'imagination des auteurs, tandis qu'à ses pieds, le serpent Python rampait, humilié, vexé, vaincu (1).

Cette mythologie était plus brillante que solide. A la fumée des chandelles de la rampe et des deux petits lustres qui éclairaient la salle, tout cela s'était vite terni, fané, craquelé. Au bout de quelques années, la décoration était si noire et si crasseuse qu'on n'apercevait plus trace des couleurs ; et « cet ensemble bizarrement combiné ressemblait bien plus à l'antre ténébreux des Sybilles qu'à une salle d'opéra » (2). Tout était mesquin, parcimonieux, misérable à l'avenant.

L'état des appointemens (écrit Noverre) ne s'élevoit alors qu'à douze mille francs par mois ; ceux de quelques premiers sujets étoient portés jusqu'à cent louis, et ceux des chanteurs, des chœurs, des figurans et des figurantes étoient fixés à quatre cents livres ; les sujets de l'orchestre n'étoient pas plus magnifiquement traités. Les grands corps de ballets n'excédoient pas le nombre de seize danseurs et danseuses ;

(1) *Mercure de France*, 1732.
(2) NOVERRE, *Lettres sur les Arts imitateurs*..., 1807, 2 vol. in-8 ; tome II, p. 94.

les autres étoient composés de huit ou de douze personnes et les chœurs chantans n'étoient pas plus nombreux. Tout étoit proportionné à la petitesse du local et au produit des recettes qui, excepté celle du vendredi, étoient ordinairement très minces (1). On ne donnoit alors que deux opéras par an, un d'hiver, tel que *Roland* ou *Armide*, et un d'été, tel que les *Elémens* ou les *Fêtes vénitiennes*..... Dans la belle saison, on représentoit habituellement des fragmens ou des actes détachés. Ces sortes de *mirotons* ne ragoûtoient personne : on les servoit les jeudi et ce jour n'étoit point heureux pour la recette. Le public n'arrivoit point, et l'opéra se perdoit dans le vide.

Le spectacle étoit pauvre en vêtemens, et le costume barbare, adopté alors, annonçoit le mauvais goût ; des habits d'une coupe désagréable, force oripeau ; des franges et des paillettes étoient semées sans ordre et avec profusion sur des étoffes pesantes. Un nommé Perronnet, dessinateur, parfaitement ignorant, étoit chargé de la partie intéressante du costume ; mais, privé de connoissances et dépourvu de toute espèce de goût, il ne sortit jamais du petit cercle que la routine lui traçoit. J'ai vu les chœurs chantans porter pendant sept ou huit années les mêmes habits de panne, sur lesquels on appliquoit de larges points d'Espagne. Ces vêtemens offroient, par leur vétusté, l'image d'une batterie de cuisine ; le cuivre et l'étain se montroient partout, et cette prodigalité devenoit complète, lorsque le corps de ballet, vêtu dans le même genre, se réunissoit aux chœurs. Tous ces habits étoient roides, guindés et sans le moindre pli ; ils étoient étalés sur d'énormes paniers. Les hommes en portoient de moins longs et de moins larges (2).

Si le public ordinaire n'était point fort empressé de s'empiler dans cette salle étriquée, dans ces loges symétriquement séparées par des cloisons, où chaque spectateur était claquemuré comme en une boîte, le beau monde se plaignait encore de cette impasse crottée où l'on était obligé de descendre de carrosse, quel-

(1) L'Opéra jouait quatre fois par semaine, les dimanche, mardi, jeudi et vendredi.

(2) NOVERRE, *Lettres sur les Arts imitateurs...*, 1807, 2 vol. in-8 ; tome II, pp. 99-101.

que temps qu'il fît, pour gagner à pied la porte du théâtre, assez semblable à une porte de prison. Enfin les dilettantes se lamentaient sur la pauvreté de l'orchestre, sur l'indigence des ballets, sur l'uniformité du répertoire. Si bien qu'à la mort du directeur Berger, en novembre 1747, l'Opéra, peu à peu déserté, tombé très au dessous de ses affaires, avait plus de quatre cent mille livres de dettes.

Les sieurs Tréfontaine et Saint-Germain, chargés de la régie, ne pouvaient combler un semblable passif. Après un an et demi d'une direction lamentable, pendant laquelle ils s'étaient quotidiennement débattus contre la faillite, ils rendaient enfin les armes, et Louis XV se décidait à confier à la Ville de Paris la direction générale de l'Académie de musique, sous les ordres du comte d'Argenson, ministre et secrétaire d'Etat, ayant le département de la maison du Roi.

En conséquence, M. de Barnage, prévôt des marchands, assisté du greffier de l'Hôtel de Ville, d'officiers et d'archers, se transportait, le mercredi 27 août 1749, à cinq heures du matin, au cul-de-sac de l'Opéra, où il apposait les scellés, ainsi qu'au Magasin de la rue Saint-Nicaise et chez le sieur de Neuville, receveur des entrées.

Cette prise de possession vigoureuse, destinée surtout à sauver le matériel de la griffe des créanciers, était vue avec faveur par le public. De cette vigueur, les habitués tiraient heureux présage et des couplets, optimistes dans leur ironie, couraient sur la prochaine campagne lyrique :

Monsieur le Prévôt des marchands
Ma foi, ne se rit plus des gens :
Il sçait embellir les coulisses
Et les habits de l'Opéra.
Qu'il fasse guérir les actrices
Et tout Paris le bénira.

Rien n'est mieux fait assurément
Que ce nouvel arrangement.

> C'étoit une chose incivile
> Que l'Opéra, rempli d'appâs,
> Appartînt à toute la ville
> Et que la Ville ne l'eût pas (1).

Tout allait changer à l'Opéra. Même, l'exagération s'en mêlant, on insinuait que le corps de ballet, jusque-là réputé pour la facilité de ses mœurs, allait donner l'exemple d'une austère vertu.

« Quelques personnes prétendent (lisait-on dans les *Bigarrures*) que l'intention de Sa Majesté est d'en remettre la direction [de l'Opéra] aux magistrats de la Ville et d'en faire un asile pour les honnêtes gens, en n'y recevant, lorsqu'on l'aura purgé de toute la racaille, que des gens mariés, et en expulsant tous les commerces galans. Le projet est beau sans doute, mais sera-t-il exécuté et, s'il l'est, fera-t-il longue durée ?... » (2).

Il était bon de remettre les choses au point. C'est pourquoi M. de Barnage, tout en inaugurant l'ère des réformes par un badigeonnage général de la salle, qu'il faisait peindre en vert, couleur de l'espérance, rassurait les inquiétudes quant à la vertu excessive des danseuses, en s'adjugeant, tout le premier, pour maîtresse, la demoiselle Lany, la propre sœur du chef et compositeur des ballets. Et Paris chansonnait derechef son magistrat municipal :

> Monsieur le Prévôt des marchands
> N'a plus rien à craindre des vents
> Depuis qu'au Théâtre lyrique
> Il s'amuse par ci par là,
> Et qu'il court, en cas de colique,
> Vite à Lany de l'Opéra (3).

(1 et 2) *Les Bigarrures*, 1749, 10 vol. in-12 ; tome I, p. 30 et p. 145.
(3) Bibl. Nationale : *Manuscrits français*, 12719, p. 299 (Chansonnier Clairambault).— Avec cette explication, peut-être superflue : « Mlle Lany, danseuse, maîtresse de M. le prévost des marchands. Son nom fait allusion à l'any, qui chasse les vents. »

Pour la direction artistique de l'Opéra, le Roi avait fait choix de Rebel et de Francœur, surintendants de sa musique, avec le titre d'inspecteurs. Mais, de par les amours de sa sœur avec M. de Barnage, Lany, surtout quand il était question de la danse, sa partie, gardait dans la maison une situation privilégiée. Il s'en servait pour tenir la parole donnée, et, par son appui, la Deschamps était engagée, à la rentrée, comme figurante surnuméraire dans les ballets.

VI

Eᴸᴸᴱ débutait le 5 décembre 1749, dans *Zoroastre*,
tragédie lyrique de Cahusac, musique de Rameau.

La distribution de cette pièce énumère tout le personnel féminin du ballet de l'Opéra à cette époque,
exception faite des demoiselles du Magasin, sortes
de danseuses apprenties qui ne figuraient ni sur les
feuilles des appointements, ni sur les tableaux des
créateurs de rôles.

Zoroastre était dansé par les demoiselles : Camargo,
Lyonnois, Puvignée fille, Carville, Courcelles, Daze-
noncourt, Thierry, Saint-Germain, Désirée, Devaux,
Parquet, La Batte, Puvignée mère, Dallemand, Lany,
Bellenot, Briseval, Beaufort, Grenier, Deschamps.

Marie-Anne, la dernière venue, jouait modestement
le rôle d'une Bergère, et il est certain que la pièce ne
lui devait qu'une fort minime partie de son succès qui
était considérable.

L'Opéra, depuis la rentrée, avait déjà représenté un

Costume de Bergère, d'après un croquis aquarellé
conservé aux Archives du Théâtre de l'Opéra

ballet nouveau : *Le Carnaval du Parnasse*, de Fuzelier et Mondonville, qui n'avait plu qu'à moitié malgré la beauté des décors et la fraîcheur des costumes. Les spectateurs, non sans raison, se plaignaient de l'insuffisance des auteurs. « On nous donnait autrefois, disaient-ils, de bonnes pièces et de mauvaises décorations ; aujourd'hui, tout au contraire, ce sont de belles décorations et de mauvaises pièces ». D'où vient cela ? ajoutaient les mécontents. « C'est qu'on peut remédier au manquement des finances, mais non pas au bon goût, lorsqu'il est une fois perdu » (1).

— Patience, répondaient les initiés, au courant du travail des directeurs, vous verrez *Zoroastre*.

A force d'ouïr merveilles de la prochaine œuvre de Rameau, les Parisiens s'attendaient à quelque chose de tout à fait extraordinaire. Aussi la curiosité était-elle un peu déçue à la première représentation. D'abord, une innovation de Rebel et Francœur, rompant avec l'usage de faire précéder l'opéra d'un prologue allégorique, et remplaçant cette préface parasite par une ouverture d'orchestre, n'était pas du goût de tout le monde. Puis, une cabale sourde était menée par les officiers de la maison du Roi dont on avait, à propos de *Zoroastre*, supprimé les entrées abusives dont ils jouissaient jusqu'alors.

Mais la musique de Rameau était animée d'un si beau souffle dramatique, contenait tant de passages lyriques de premier ordre, que la pièce allait aux nues dès les soirées suivantes et qu'en dépit du décri misonéiste ou intéressé, tout Paris courait à l'Opéra.

Et certain nouvelliste résumait assez bien la situation en rapportant la boutade d'un seigneur anglais de passage. Cet insulaire s'étant présenté pour avoir une place dans les balcons, et, successivement, dans les loges, dans l'amphithéâtre, dans tous les endroits en un mot où un homme de sa qualité pouvait se placer au spectacle pour y être avec bienséance,

(1) *Les Bigarrures,* 1749, 10 vol. in-12 ; tome I, p. 146.

*

comme on lui répondait partout que les places étaient
retenues : — « Voilà, s'écriait cet Anglais, la chose la
plus étrange que j'aie vue de ma vie ! Je n'entre pas
dans une maison que je n'y entende dire mille
horreurs de cet opéra. J'y viens dix fois de suite pour
le voir et je ne puis pas y trouver de place. Il n'y a
que des Français au monde capables de ces contradictions ».

VII

Un terme plaisant de l'argot des coulisses désignait, à l'Opéra, ces figurants de la danse sans vocation, sans dispositions, sans goût, condamnés à languir perpétuellement dans les emplois infimes.

Comme ils ne passaient jamais à l'avant-scène pour y « tricoter » le moindre pas, comme ils y défilaient seulement, dans les marches d'ensemble, comme on les colloquait toujours à l'arrière-garde des ballets et que la toile-de-fond du décor représentait souvent des rochers ouvrant sur la mer, on les nommait ironiquement : *les garde-côtes* (1).

La vie théâtrale de Marie-Anne Pagès, devenue Mlle Deschamps, allait se traîner à jouer les garde-côtes.

La liste des personnages incarnés par elle à l'Opéra pendant près de neuf ans, créations ou reprises, est

(1) Noverre, *Lettres sur les Arts imitateurs..*, 1807, 2 vol. in-8, tome I, p. 156.

un tableau navrant de monotonie (1). Mais, à tout prendre, la Deschamps, pensionnaire du Roi, en donne au Roi pour l'argent.

D'abord, son engagement, bien que conclu en décembre 1749, ne date officiellement que du 1ᵉʳ mai suivant. Les « Règlements pour servir au payement des appointements et gratifications annuelles » disent, à la colonne *Année de l'entrée du sujet* : « La Dᴵˡᵉ Deschamps, 1750. » Six mois de rognés, pour commencer, sur son temps de service (2).

Quant à ses appointements proprement dits, ils sont de zéro livre, zéro sol, zéro denier, pendant les années théâtrales 1750, 1751, 1752. Elle est qualifiée sur les listes d'émargement : « surnuméraire sans appointemens. »

Le 1ᵉʳ mai 1753, elle est rétribuée à deux cents livres par an, soit seize livres treize sous par mois, qu'elle ne touche que pendant quatre mois, puisqu'elle obtient un congé d'un trimestre en septembre et son premier congé définitif le 10 décembre de la même année.

Lorsqu'elle rentre à l'Académie royale de musique, en 1755, après un an et demi d'absence, elle a perdu son tour d'ancienneté ; c'est encore comme surnuméraire qu'elle dansera gratis jusqu'à sa sortie de la maison (1759).

Ainsi, pendant huit ans et demi, la Deschamps empoche au total soixante-six livres douze sous (3).

---

(1) Voir aux Annexes (B) ce tableau dressé par nous chronologiquement, d'après les Archives du Théâtre de l'Opéra.

(2) THÉATRE DE L'OPÉRA : *Archives* (Années 1750-1760).

(3) Voici, à titre de curiosité, quels étaient les appointements annuels du corps de ballet, au moment où la Deschanps débuta dans *Zoroastre* : Mˡˡᵉˢ Camargo, 2.000 livres ; Dallemand, 1.500 ; Lyonnois, 1.500 ; Puvignée fille, 1.500 ; Carville, 800 ; Lany, 1.200 ; La Batte, 800 ; Saint-Germain, 800 ; Courcelles, 1.000 ; Thierry. 500 ; Puvignée mère, 500 ; Beaufort, 400 ; Sauvage, 400 ; Briseval, 400 ; Dazenoncourt, 400 ; Parquet, 300 ; Desirée, 300 ; Victoire (Devaux), 500 ; Bellenot, 300 ; Grenier, Deschamps, Pachot et Scelle, surnuméraires sans appointements. Au total, la danse de l'Opéra, côté des dames, coûtait 15.100 francs par an.

A ce fixe dérisoire, que ne grossit aucune gratification, il convient pourtant d'ajouter l'indemnité de « pain, vin et chaussure » accordée à tous les artistes sans exception. Mais, tandis que les quatre premiers sujets du chant reçoivent, de ce chef, une somme ronde de trois cents livres par an, les autres, tous les autres, même les premiers de la danse, ne palpent que quatre sous ou deux sous par représentation, et lorsqu'ils sont de la pièce. La Deschamps, naturellement, est de ceux qui n'ont que deux sous (1).

(1) En 1753, l'année de son premier départ, elle est inscrite sur la feuille spéciale de « pain et vin » pour cinquante-quatre représentations, soit cinq livres huit sous. Les autres feuilles manquent aux Archives. Mais on peut estimer que la Deschamps, jouant au maximum cent fois par an, encaissait tout au plus dix livres d'indemnité.

VIII

Aussi bien, la Deschamps n'avait pas la prétention de briller à l'Opéra et d'y faire fortune par son talent. Elle espérait seulement y « sauter le bâton », ainsi qu'on disait en termes de l'art, pour désigner le brusque changement d'état d'une fille publique dis·tinguée par un prince ou par un grand seigneur, et subitement élevée au rang de « demoiselle du bon ton ».

La Deschamps savait que l'Opéra, où l'on enrôlait chaque année quatre fois plus de personnel qu'il n'en était besoin pour le service, était surtout un « fonds d'incontinence publique, le harem de la nation, le bazar où les grands de l'Empire achetaient des esclaves » (1).

Elle savait qu'à l'Opéra, les chanteuses des chœurs

(1) [Thureau de la Morandière], *Représentations à M. le lieutenant de police sur les courtisanes à la mode,* 1760, in-8.

Costume de Matelotte, d'après un croquis aquarellé
conservé aux Archives du Théâtre de l'Opéra

ou les figurantes des ballets, n'obtenaient jamais, étant favorisées, plus de quatre cents livres d'appointements annuels ; que la plupart n'avaient rien ; que, même, quelques-unes payaient pour y entrer, c'est-à-dire qu'elles achetaient le droit de se prostituer avec licence et privilège de la Cour, le libertinage étant toléré aux femmes de théâtre.

Elle savait qu'à l'Opéra, où l'on persistait parfois des années, on pouvait aussi ne rester que trois mois ; ne faire, au besoin, qu'y paraître, juste le temps de prendre ses passeports de mauvaise vie et mœurs et de contracter des « arrangements » avantageux avec quelque entreteneur de naissance ou de finance, disposé à faire du bien aux femmes.

Elle savait enfin qu'à l'Opéra, si les actrices chantantes amassaient rarement une fortune, il n'était, en revanche, presque aucune des danseuses un peu courues qui n'arrivât au théâtre en carrosse (1).

Et, pour apprendre tout cela, l'eût-elle ignoré, elle n'avait qu'à jeter les yeux autour d'elle, parmi ses compagnes du corps de ballet, toutes bien équipées, quelques-unes fort riches.

C'était la demoiselle Camargo, une étoile à la scène ; mais, à la ville, une des figures les plus laides, une des physionomies les plus ingrates. Ce néanmoins Camargo avait inspiré des passions. Le comte de Melun, dernier du nom, avait été son premier amant en règle ; il lui avait fait un enfant et de grandes largesses. Ardente à l'excès, elle ne s'était pas contentée de cet ordinaire. Elle avait donné pour lieutenants au comte les trois plus beaux cavaliers du temps : le duc de Richelieu, le marquis de Firmacon et le sieur Vitry, ancien garde du Roi, homme à bonnes fortu-

(1) « On prétend qu'un étranger proposa ce problème à M. d'Alembert qui lui répondit que c'étoit une suite nécessaire des loix du mouvement ». (*Chronique scandaleuse*, Paris, 1791 ; tome IV, p. 190).

nes, que se disputaient des grandes dames : la marquise de Revel, la maréchale d'Estrées, plusieurs
autres... La Camargo avait eu un Colbert, le marquis
de Sourdis, officier de cavalerie. En 1736, le comte de
Clermont s'était emparé d'elle, l'avait séquestrée six
ans, rendue mère deux fois, et ne l'avait quittée que
pour prendre Mlle Le Duc au président de Rieux. Le
président, par un équitable chassé croisé, avait pris
Mlle Camargo, qui était rentrée à l'Opéra (1). Depuis
lors, elle avait renoué avec Sourdis ; et, présentement, elle était aux mains du chevalier de Rupière,
commandeur de l'ordre de Malte, greluchon vigou-
reux que n'effrayait ni la quarantaine, ni la laideur
de la danseuse. La Camargo jouissait de douze mille
livres de rentes, sans préjudice du casuel (2).

C'était la demoiselle Lyonnois, plantureuse stras-
bourgeoise, née Marie-Françoise Rempon, épouse
séparée d'un sieur Gherardy, qui travaillait à se rapprocher d'elle. Célèbre par son habileté à exécuter la
« gargouillade », mélange d'écarts, de tournoiements
et de pirouettes sur un seul pied, très goûté des ama-
teurs, elle était richement entretenue par Jean-Baptiste Hubert, comte de Vintimille et se vantait d'être
enceinte de ses œuvres, encore que le comte passât
pour inapte à la génération (3). Mais, à l'Opéra, on

(1) « Cela fait du bruit dans Paris (dit Barbier à propos de cet
incident). Le président se ruine avec cette conduite, et il n'a que
75.000 livres de rentes substituées avec lesquelles il ne pourrait
vivre. On avait parlé de le défaire de sa charge, car la conduite
d'un président des enquêtes doit être plus grave et moins indé-
cente ; mais cela est tombé et il est en place ». Le président
Bernard de Rieux était fils du banquier Samuel Bernard.

(2) Bibl. de l'Arsenal, *Archives de la Bastille*, 10.235. — Cf.
Revue rétrospective, tome XIV, p. 323.

(3) M. de Vintimille était veuf. Sa femme était morte en septembre 1741 de la « millière », maladie à la mode, qui préoccupait
beaucoup les médecins. Mme de Vintimille était laide mais avait de
l'esprit (*Journal de Barbier*, II., 348). Elle était sœur de la comtesse
de Mailly, de Mme de Châteauroux, et elle avait été la maîtresse
du Roi alors qu'elle était Mlle de Nesle. Quelque temps avant sa

savait bien que le père de l'enfant était le haute-contre Favier, amant du cœur de la Lyonnois.

C'était la demoiselle Puvignée mère, petite brune, accorte et fort bien faite, que stipendiait M. Mazade, fermier général. Bien qu'âgée de trente ans à peine, la demoiselle Puvignée avait une fille d'une quinzaine d'années, aussi danseuse à l'Opéra et déjà premier sujet, dont la bouche menue, le nez aquilin, toute la petite personne pleine de grâces mignardes, avaient séduit le duc de La Vallière qui l'appointait depuis plus d'un an et qui avait fait bâtir pour elle des petits cabinets en sa maison des champs, à l'imitation du Roi (1). Encore affirmait-on que M. de La Vallière n'avait pas eu l'étrenne de l'enfant, dont le marquis de Courtenvaux, grand coureur de tendrons, avait déjà payé d'une superbe montre en or le pucelage de treize ans (2).

C'était la demoiselle Carville, une ancienne dans la maison, où elle était entrée en 1741, par le crédit du danseur Dupré, son amant. L'élégance de sa taille, la beauté de sa jambe, plus encore que celle de sa figure, lui avaient fait faire la conquête du comte d'Estaing, lieutenant-général des armées du Roi, qu'une amie, sa meilleure amie, lui confisquait au bout d'un an.

mort, comme elle était grosse, M. de Vintimille se défendait en ces termes d'être pour rien dans l'affaire : « Je ne sais pas qui a pu faire cet enfant. Ce n'est assurément pas moi. C'est ou le roi, ou le duc d'Ayen, ou Forcalquier, ou mon laquais Saint-Jean qui l'a prise pour mon c.... » (*Journal de d'Argenson*, III, 286).

(1) D'ARGENSON. *Journal et Mémoires*, 1863, in 8, t. V, p. 303.— Louis-César de la Baume Leblanc, duc de La Vallière et de Vaujour, pair de France, gouverneur et sénéchal de Bourbonnais, brigadier des armées du Roi (infanterie), était né en 1708. Il avait épousé en 1731 Anne-Julie de Crussol, fille du duc d'Uzès. En décembre 1748, il avait été chargé par le Roi de son théâtre des Petits Appartements, sur lequel jouait Mme de Pompadour, avec les dames de la Cour.

(2) BIBL. DE L'ARSENAL. *Archives de la Bastille*, 10237. — César Le Tellier de Louvois, marquis de Courtenvaux, né en 1718, ancien capitaine-colonel des Cent-Suisses, était veuf d'une Gontaut, unique sœur du duc de Lauzun.

Après avoir quelque peu détaillé, elle s'était remise avec Dupré, passé maître de ballets dans l'intervalle. Enfin elle avait trouvé son lot en la personne du sieur Gruïn, ancien garde du trésor royal, qui faisait pour elle une dépense prodigieuse, ce qui n'avait pas retenu la demoiselle Carville de lui donner de nombreux substituts. Entre autres, cette année même, M. de Ximénès, que la Deschamps connaissait bien (1).

C'était la demoiselle Courcelles, encore une ancienne, bien qu'elle n'eût pas franchi la trentaine, et qui, déjà, comptait quatorze ans de présence à l'Opéra. Demi-vertu, de décence relative, elle vivait en concubinage avec le chevalier de Mailly, ci-devant colonel du régiment de dragons de son nom ; tous deux, très bourgeoisement, habitaient ensemble, rue Notre-Dame-des-Victoires, comme eussent fait mari et femme (2).

C'était la demoiselle Saint-Germain, doyenne du corps de ballet, énorme blonde, adipeuse, chargée de cuisine, gardant encore, entre quarante et cinquante ans, quelques vestiges de beauté. Elle allait avoir droit à la pension de retraite, mais elle annonçait qu'elle demanderait à continuer son service, par goût, pour l'honneur, ne pouvant s'éloigner de son cher Opéra. Ses amants ne se comptaient plus, et, de tous, elle avait tiré pied ou aile. Elle avait laquais, diamants et voitures ; on la citait comme la plus riche catin de Paris. Pour l'instant, le chevalier de Latour, capitaine aux gardes françaises, subvenait à ses besoins (3).

C'était la demoiselle Sauvage ; vingt ans, blonde, beaux yeux et belle gorge ; en bloc assez plaisante, beaucoup d'esprit et d'enjouement ; le tout à tant par mois au compte du chevalier de Clermont d'Amboise,

---

(1) Bibl. de l'Arsenal, *Archives de la Bastille*, 10.235.
(2) Bibl. de l'Arsenal, *Archives de la Bastille*, 10.235.
(3) Bibl. de l'Arsenal, *Archives de la Bastille*, 10.237.

L'Opéra en 1750

Signature autographe des dames du Corps de ballet

colonel du régiment de Bretagne (infanterie) ; en
plus les petits-soupers çà et là (1).

C'était la demoiselle Lany, élève de son frère, noi-
raude et point jolie, mais délurée, aux yeux vifs et
effrontés. Avant ses complaisances actuelles pour
M. de Barnage, elle avait été aimée par milord comte
Huntington, jeune Anglais de vingt ans, dont elle
avait eu deux enfants (2). Après lui, pour ne pas
changer d'accent, elle avait eu milord Powerscourt,
que Puvignée la mère avait irrévérencieusement bap-
tisé Troussecotte, en dépit de sa devise (3). Enfin elle
était en arrangements avec M. Papillon de Fontper-
tuis, un des intendants des Menus (4).

C'était la demoiselle Beaufort, une blonde de cinq
lustres, les yeux bleu-faïence, le nez un peu écrasé,
pour qui M. Thiroux de Montregard, trésorier de la
maison du Roi, faisait toutes sortes d'extravagances,
ayant été son amant, tâchant à le redevenir. Mais elle,
qui guettait M. de Villemur l'aîné, fermier général,
ne voulait rien entendre ; et, en effet, elle passait contrat avec ce nourrisseur libéral moyennant quinze
mille livres d'argenterie, une rente de mille écus et
cinq cents livres de pension mensuelle (5).

C'était la demoiselle Bellenot, naguère aux crochets
du même M. de Villemur l'aîné qui la quittait, pré-
textant sa grande fécondité et son goût trop décidé
pour les greluchons ; mais qui ne la quittait pas sans
l'avoir grassement rémunérée de ses soins, car les
deux frères Villemur jetaient littéralement l'argent
par les fenêtres, bâtissant des guinguettes de cinq à

(1) BIBL. DE L'ARSENAL, *Archives de la Bastille*, 10.237.

(2) François, comte Huntington, né en 1726, mort en 1789, sans
postérité (DE REDEN, *Tableaux généalogiques de la Grande-Bre-
tagne*, 1830, in-fol.).

(3) Lord Wingfield, baron et vicomte de Powerscourt (Irlande)
portait d'argent à la bande de gueules, cotticée de sable, chargée de trois vols abaissés du champ, posés dans le sens de la
bande. Et, pour devise : « Fidélité est de Dieu ».

(4) BIBL. DE L'ARSENAL, *Archives de la Bastille*, 10.236.

(5) BIBL. DE L'ARSENAL, *Archives de la Bastille*, 10 235.

six cent mille livres, ayant, pour se promener quelquefois au Bois, quarante chevaux de selle dans leur écurie... (1).

C'était... c'était, pardieu, l'Opéra tout entier. Nulle contagion plus rapide que celle de la débauche qui rapporte. Sous l'autorité vertueuse des magistrats de la Ville, comme naguère sous la tutelle indifférente d'un directeur, ces demoiselles n'en continueraient pas moins à conquérir des cœurs, et les gens épris à faire leurs offres.

La Deschamps n'avait qu'à prendre patience. Son tour viendrait, de voir à ses pieds des princes et des fermiers généraux.

(1) En 1756, la demoiselle Bellenot, ayant quitté l'Opéra, a pour amant le duc d'Orléans. Elle habite rue Richelieu et le duc lui rend visite le soir, en passant par une porte de derrière, donnant sur ses jardins du Palais-Royal. Cependant elle le trompe avec un amant de cœur, le marquis de Monteclair, brigadier des armées du Roi et premier cornette aux chevau-légers d'Anjou, qui vient, le jour, par la rue Richelieu (BIBL. DE L'ARSENAL, *Archives de la Bastille*, 10.235).

IX

A^{TTENDRE}, oui ; il faut le temps à tout. Mais les
semaines et les mois s'écoulaient sans apporter
de changements, sans que la Deschamps trouvât pre-
neur.

Le règlement, à vrai dire, en était un peu la cause.
La nouvelle régie faisait observer plus strictement
l'ordonnance royale de 1732, qui interdisait « à toute
personne de quelqu'état et qualité qu'elle pût être »
d'entrer sur le théâtre de l'Opéra, exception faite de
celles qui avaient en location des loges ouvrant sur la
scène ou des cachets pour entrer dans ces loges. A ces
-personnes mêmes il était défendu de se tenir dans les
coulisses ni dans les loges d'actrices, et il était enjoint
de par le Roi au sergent des gardes d'y tenir ferme-
ment la main. La défense concernait aussi les acteurs
et actrices, qui ne pouvaient point stationner sur
le théâtre, ni même y paraître en d'autres habits que
ceux de leur rôle. Seuls, le « maître de musique » et le

« maître de salle » devaient se tenir en permanence
dans les coulisses pour mettre en mouvement les
chœurs et le ballet.

Il en résultait qu'une danseuse figurante, n'ayant
d'autre occasion de s'exhiber que la pièce, où elle ne
paraissait jamais en vedette, pouvait longtemps
passer inaperçue, confondue parmi les choristes du
chant ou de la danse.

Cependant, en 1750, mais pour peu de durée, la
Deschamps entreprenait Maurice de Riquet, comte
de Caraman, beau colonel de dragons, qui venait de
se signaler au siège d'Anvers, à Berg-op-Zoom, à
Maestricht. Mais ce jeune militaire n'était pas un
amant profitable. Il quittait la Deschamps sans lui
avoir fait beaucoup de bien.

Marie-Anne déjà pensait tenir à sa merci un soi-
disant chevalier de Malte, M. de Chabon, gentilhomme
de bonne figure, originaire de Grenoble et pour l'heure
en caravanes à Paris, lorsqu'il lui était soufflé par
la ruse d'une courtisane. Cette femme, du nom de
Pelissier, était âgée de vingt-cinq ans, faite au moule,
blonde, de visage plein, un brin marquée de la petite
vérole, mais la bouche et la gorge affriolantes (1).
Elle était en jouissance d'un Hollandais riche, le baron
d'Augnières, qui donnait beaucoup ; mais, pour joindre l'agréable à l'utile, elle avait jeté son dévolu sur
M. de Chabon, qui ne répondait guère à ses agaceries.
Par son industrie, elle parvenait à mettre le divorce
chez la Deschamps.

La danseuse, depuis qu'elle appartenait à l'Opéra,
avait quitté son garni de la rue Croix-des-Petits-
Champs, pour s'établir rue du Four-Saint-Honoré (2).
Les fenêtres de son logement avaient vue précisément
sur celles du chevalier. Un beau matin, la Pelissier
s'avisait de faire, en cornette de nuit, une visite à

____

(1) Voir aux Annexes (C), quelques notes de police sur la Pelissier.

(2) Aujourd'hui, rue Vauvilliers, près des Halles.

M. de Chabon, et, dans cet équipage, elle se mettait,
bien en évidence, à l'une des fenêtres de l'appartement, en sorte qu'elle ne pouvait manquer d'être
aperçue d'en face. Marie-Anne, persuadée de l'infidélité de son amant, et ne doutant point que sa rivale
n'eût passé la nuit avec lui, entrait dans une grande
indignation ; quelque défense qu'il sût alléguer, elle
ne voulait ni l'écouter ni le revoir. La Pélissier, réussissait ainsi, par adresse, à s'approprier le chevalier,
lequel, isolé, et ne trouvant pas mieux, s'attachait à
elle jusqu'à son départ de Paris.

La Deschamps était de nouveau, sinon réduite à
courir le cachet d'amour, du moins restreinte à des
petits-soupers sans lendemain avec M. Bertin de Bla-
gny, mousquetaire, frère du contrôleur des finances ;
avec Rebel et Francœur, qui courtisaient volontiers
leurs pensionnaires ; avec quelques étrangers que ces
messieurs mettaient de la partie. Elle soupait aussi,
un vendredi d'octobre, avec le marquis d'Asfeldt, fils
du maréchal, et lui-même maréchal de camp. Mais
celui-ci, amateur de négresses, jugeait probablement
la Deschamps trop peu foncée (1). La passade n'avait
pas de suites.

Et, comme observait mélancoliquement un rapport
de l'agent Meusnier, « tout cela ne ressemblait à
rien » (2).

En fréquentant les étrangers elle découvrait pourtant un lord Lens, parent du comte d'Albermale,
ambassadeur d'Angleterre, dont les bienfaits réta-
blissaient un peu ses affaires. Mais, quoiqu'il ne la
laissât manquer de rien, la Deschamps ne savait point
résister à l'amorce des cent louis que proposait l'opu-
lent M. de Villemur pour une nuit seulement. Aventure grosse de conséquences.

Le point de difficulté n'était pas de tromper

(1) Voir, sur les goûts de M. d'Asfeldt : G. Capon : *Les Maisons closes*, 1903, in-8 ; p. 140.

(2) Bibl. de l'Arsenal : *Archives de la Bastille*, 10236. — Voir
aux Annexes (D), une courte notice sur l'agent Meusnier.

« milord ». Une perte de sang assez violente, que la danseuse subissait depuis peu, était en l'espèce un obstacle autrement sérieux. Néanmoins, l'appât du butin l'emportant sur toute prudence, Marie-Anne arrêtait net ses ordinaires, par un bain froid, et, le financier prévenu de la date et de l'heure, elle gagnait loyalement la somme convenue.

Cet argent allait lui coûter cher. Quatre jours après elle tombait dans une maladie fort grave, qui la clouait sur le lit, qui pouvait la mettre au tombeau et qui l'aurait à tout le moins ruinée, si milord, ignorant la cause du mal, n'eût fait les frais de médecin et d'apothicaire.

Remise de cette alerte, la Deschamps reprenait son service au théâtre, en même temps que lord Lens reprenait le bateau pour Londres.

Elle était vacante encore une fois ; mieux aguerrie pourtant par ses déboires, plus forte de son expérience des hommes, plus entendue aux roueries de l'amour...

X

L^a plus intime amie de la Deschamps, à l'Opéra,
était une de ses camarades de la danse, une figurante comme elle, la demoiselle Briseval, ballerine
médiocre, courtisane déjà classée. Briseval menait à
ce moment deux intrigues de front : deux amants
également cossus, pareillement larges, mais non pas
semblablement traités. Elle exécrait l'un, elle adorait
l'autre.

L'un, c'était M. Lenoir de Cindré, intendant et contrôleur général de l'argenterie des Menus.

L'autre, c'était M. de Lalive d'Epinay, fils du fermier général Lalive de Bellegarde, et adjoint à l'emploi exercé par son père, en attendant la survivance.

M. d'Epinay était aimé, M. de Cindré ne l'était pas,
et cela seul eût expliqué la malveillance de Mlle Briseval. Mais il y avait plus. L'année passée, M. de Cindré, premier occupant, n'avait pu voir sans aigreur
ses attentions et ses petits soins se buter à la froideur

*

croissante de sa maîtresse, tandis qu'un autre servant, plus jeune et plus fringant, s'emparait, au fur et à mesure, du terrain perdu. Afin d'écarter M. d'Epinay, M. de Cindré n'imaginait rien de plus ingénieux que d'avertir, par une lettre anonyme, M. de Bellegarde des déportements de son fils, qui se ruinerait certainement avec Mlle Briseval, si l'on n'y mettait ordre. Le pronostic n'était, hélas ! que trop vraisemblable : Lalive d'Epinay, marié depuis quatre ans à sa cousine, Louise d'Esclavelles, avait déjà presque dévoré la dot de sa femme et fortement écorné ses propres, par ses besoins de faste, par ses faiblesses, par ses folies. Au reçu de l'avis anonyme, qui frappait si juste, le père, ému, n'hésitait plus à éloigner de Paris son prodigue. Et pour déguiser d'un prétexte cet exil, il chargeait d'Epinay d'une tournée d'inspection dans la généralité de La Rochelle et de Poitiers... Mais Mlle Briseval, au désespoir de cette séparation, avait démasqué, sans beaucoup chercher, toute la manigance de Cindré. Aussi, dès que Lalive était rentré du Poitou, s'était-elle rejetée dans ses bras avec une ardeur amoureuse décuplée par la rancune qu'elle gardait à son délateur.

Les choses en étaient là : depuis bientôt six mois M. de Cindré, toujours assoté, rongeait son frein et M. d'Epinay filait le parfait amour, quand la Deschamps, guérie, reparaissait à l'Opéra. Cindré (les jaloux ont de ces flairs) observait-il que son rival ne semblait pas indifférent à ces yeux noirs, à ce nez retroussé, à ce minois de vice, et poussait-il en secret la Deschamps à brusquer l'assaut ? Ou bien Marie-Anne, envieuse des deux amants de son amie, elle qui n'en avait pas même un, attaquait-elle spontanément ? Le fait est que par ses œillades elle enjôlait d'Epinay, l'entortillait si bien, qu'il rompait brutalement avec Mlle Briseval, cessant tout à fait de la voir.

La brillante réussite de Marie-Anne était plutôt un succès de vanité qu'une victoire pécuniaire. D'Epinay était un peu épuisé du côté de l'escarcelle ; ses libéralités récentes, tant de bijoux que de billets au porteur, l'avaient mis quasiment à sec. Et la Deschamps, qui ne se payait pas aisément de gambades, méditait de l'obliger par stratagème à s'exécuter.

Le hasard la servait à point nommé. Chargé par un cousin de faire l'achat d'une applique en diamants de deux mille écus, Lalive avait l'imprudence de la montrer à Marie-Anne. La commère, à qui l'eau en mouillait la bouche, le suppliait tant de lui confier le joyau, pour la première d'un opéra, qu'il consentait naïvement au prêt, à la seule condition que, le rideau baissé, les diamants seraient rendus. La Deschamps promettait tout, ne rendait rien. Sur le moment, d'Epinay, furieux, voulait requérir le commissaire. A la réflexion, il prenait garde qu'ayant eu déjà les faveurs de la belle, il serait ridicule peut-être. Bref, les parties s'accommodaient sans éclat, convenant entre elles que l'applique tiendrait lieu d'étrennes ; on n'en reparlait plus.

La Deschamps, mise en goût, fière de ce premier exploit, en triomphait sans doute bruyamment auprès de ces demoiselles du ballet. C'est visiblement à elle que faisait allusion l'abbé Clément dans cette note facétieuse, datée du 15 février 1751 :

Il est question d'un concile de filles d'Opéra, dernièrement tenu dans les coulisses (Mlle Coupée, présidante) pour instituer une assemblée particulière où n'entreroient que les Milédis de l'Ordre qui auroient pour 40.000 francs de diamans. Une jeune et très jolie débutante a demandé grâce d'un quart, en produisant les lettres d'un sous-fermier, d'un duc et de deux conseillers au Parlement qui lui donnent les espérances les plus prochaines; mais après un long débat mêlé d'injures délicates et de quelques coups de pied dans le ventre, il a été décidé, à la pluralité des cris, qu'elle ne seroit admise en attendant qu'à titre de complaisante (1).

(1) CLÉMENT, *Cinq années littéraires*, La Haye, 1754, 4 vol. in-12 ; tome III, p. 17.

*

Tout compte fait, cette friponnerie faisait perdre à la danseuse plus qu'elle ne lui rapportait.

M. Lalive de Bellegarde s'étant laissé mourir à quelque temps de là (juillet 1751), Marie-Anne se figurait que d'Epinay, promu fermier général, allait aligner les trente mille livres qu'il s'était engagé à lui verser dès que cet heureux événement surviendrait. D'Epinay avait sur le cœur l'histoire des diamants ; il se revanchait en se moquant d'elle et l'abandonnait.

XI

En délivrant d'un compétiteur fâcheux M. Lenoir de Cindré, la Deschamps s'était acquis des droits à sa gratitude. Aussi, délaissée, se tournait-elle vers l'amant de Mlle Briseval, lequel, sans délai, procurait à l'abandonnée un consolateur provisoire : son frère, M. Lenoir de Monteau, sous-fermier.

Cet entreteneur d'occasion n'exigeait pas un amour exclusif et la Deschamps ne boudait pas à lui donner nombre de suppléants. Pendant tout l'été de 1751, elle courait les « parties » et les petits-soupers où la produisait une de ses collègues de l'Opéra, la demoiselle Sauvage, devenue tout à coup son indispensable amie. De quelle espèce exactement était cette amitié ? A noter que la chaîne se brisait après un souper à Passy, chez Le Riche de la Poupelinière, où toutes deux avaient mené, sur la recommandation de Lany, une jeune rouleuse du Magasin, la demoiselle Angélique Delavaux, dite Beauchamps. — La pécore ne sut

pas profiter de l'aubaine ; La Poupelinière lui offrait
un appartement et un mobilier ; elle prétendit se faire
payer d'avance, et le financier, blessé de cette mé-
fiance, retira ses propositions. — Or, à quelque temps
de là, Mlles Sauvage et Deschamps s'invectivaient, un
soir, dans leur loge, à bouche-que-veux-tu ; des cris,
elles passaient aux gestes, et l'on devait séparer ces
deux inséparables pour les empêcher de se défigurer.
Brouille à mort s'ensuivait ; et Mlle Sauvage reportait
sur la petite Beauchamps toute la tendresse de son
cœur, intriguant et se remuant afin de lui concilier, à
ses débuts, les bonnes grâces du corps de ballet.

Pour la Deschamps, finis les soupers carrés et les
nuits productives. Privée de son pilote, elle s'essayait
à conduire sa barque toute seule ; mais elle n'avait
pas le savoir-faire de son ex-amie ; elle n'avait pas non
plus ses accointances dans le beau monde. Elle
voguait, mais elle voguait à la dérive.

Une fiche de police la dépeignait, assez gênée, em-
pruntant, la veille de la Saint-Martin, une partie des
diamants de Bellenot la cadette, pour aller souper à
la Barrière-Blanche, chez Magny, le cabaretier à la
mode du quartier des Porcherons (1). Un riche étranger, disait-elle, l'y traitait, et cette expédition noc-
turne devait rendre vingt-cinq louis. Par la suite, on
apprenait que la Deschamps s'était vainement mise en
frais de parure et que tout s'était réduit à un souper,
convenable à la vérité, mais agrémenté de deux louis
seulement de vacations, qu'elle n'avait pas eu le courage de refuser. Deux louis ! Un tel rabais arrachait
au policier, rédacteur de la fiche, des commentaires
ironiques : « Quelle réduction ! Et quelle humiliation
pour une personne qui, si l'on veut ajouter foy au
rapport de Cavillier, chapellier, qui l'a greluchonnée,
et à celui de La Berne, disoit hautement, l'été dernier,

(1) Voir sur le fameux cabaret de Magny : G. Capon, *Les
petites maisons galantes de Paris au XVIIIe siècle*, 1902, in-8 ;
p. 92.

qu'elle avoit des relations secrètes avec le Magistrat qui lui donnoit pour prix de sa complaisance deux cents louis par an ! » (1).

Qui çà, Cavillier ? Qui çà, La Berne ? Qui çà, le Magistrat ? Saura-t-on jamais ; il passait tant de monde dans les draps de la Deschamps !...

Mais cette rusée féline retombait toujours sur les pattes. Ses mauvais jours étaient courts. Avant la bise venue, elle avait déterré l'amant rêvé, le banquier payant à caisse ouverte : un bon gobet de province, un gentilhomme franc-comtois nommé La Coulandre, entrepreneur de forges, qu'elle menait tambour battant et dont elle tirait tout ce qu'on peut tirer, se vantant de « le ronger jusqu'à l'os ».

(1) BIBL. DE L'ARSENAL, *Archives de la Bastille*, 10.236. — Les policiers appelaient entre eux : « le Magistrat » leur chef suprême, le lieutenant-général de police. La Deschamps s'était-elle vantée d'être la maîtresse de M. Berryer (le « Magistrat » alors en exercice) moyennant quatre mille livres par an ; ou bien de toucher pareille somme, comme auxiliaire secrète de la police ?

XII

L'an de grâce 1752, s'installait chez la Deschamps, vivant à pot et à rôt avec elle, une demoiselle Lesther, fille publique sur le retour, qui mettait sa science de la galanterie au service de son hôtesse. Domestique un peu, un peu procureuse, c'est elle qui prépare les rendez-vous, c'est elle qui éconduit les importuns, c'est elle qui ordonne le gaspillage de la maison.

La Lesther, petite, mignonne et bien faite, spirituelle assez, disposait encore de jolis restes aux entours de la quarantaine. Elle avait eu jadis pour amants attitrés : M. Doublet de Baudeville, président à la troisième des Requêtes ; M. Baillot, exempt aux Cent-Suisses ; M. Cambon, cornette au régiment de Clermont-Prince ; le chevalier de Goyon, écuyer de la duchesse de Penthièvre. Puis les années étaient venues, et les mâles étaient partis. Elle s'était alors acoquinée avec une de ses pareilles, une certaine

Durocher, pour exploiter ensemble les faiblesses momentanées du sexe fort. Mais des questions d'intérêt divisaient bientôt les deux associées, qui se battaient ; la Durocher en rendait plainte au commissaire et intentait un procès qui était encore au croc quand Mlle Lesther trouvait sur sa route la Deschamps, à la fortune de laquelle elle accrochait pour un temps sa destinée.

En paiement de ses menus offices, Marie-Anne la nourrissait et la logeait. Même, le casuel amoureux de la Lesther étant assez maigre, pour raison d'âge, la danseuse, qui n'aimait pas voir gâter le métier, s'employait parfois au recouvrement de ses créances. Parmi les soupirants actuels de Marie-Anne était un nommé Bonnassé, Provençal aisé, mais généreux « à la mode de son pays » qui, naguère, avait leurré de belles promesses la trop confiante demoiselle Lesther. La Deschamps feignait de répondre aux invites de Bonnassé ; elle l'attirait (on était en juillet) à une partie de campagne organisée près de Marly ; le bon La Coulandre y passait pour l'amant de Lesther, tandis que le Provençal croyait être pour de bon le partenaire de la Deschamps ; alors Marie-Anne, comme entrée de jeu, soustrayait seize pistoles de la bourse de Bonnassé et les remettait à la Lesther, en manière de restitution. Le Provençal, fourbé, voulait se fâcher ; mais les autres ne faisaient qu'en rire ; tout ce qu'il pouvait gagner était de posséder encore une fois la Lesther sur laquelle M. de La Coulandre, la comédie finie, déclinait ses droits supposés (1).

Honnête et naïf La Coulandre ! Ce n'est pas lui qu'on aurait pu accuser d'avarice ! Chaque jour lui coûtait quelque plume. L'avant-veille même de cette partie de campagne, ne s'était-il pas laissé conduire par la Deschamps chez le sieur Lenoir, notaire de la rue Saint-Honoré, où il avait signé un contrat de six cents livres de rente, tant en faveur de sa maîtresse qu'en

(1) BIBL. DE L'ARSENAL, *Archives de la Bastille*, 10.241.

celle de Deschamps, le mari, rente réversible sur la tête du survivant (1).

En guise de remerciement, comme on le trompait à l'heure et à la nuit, sans vergogne, voire sans prudence !

Depuis le mois de mai, la Deschamps s'était raccordée avec Lalive d'Epinay, qui, bien que fréquentant simultanément chez la cadette des demoiselles Verrières et chez l'aînée des demoiselles Fauconnier, n'était guère moins assidu rue du Four-Saint-Honoré et faisait également circuler ses finances de tous ces côtés à la fois (2).

Au mois de juin, c'était le comte de Valbelle l'aîné, premier guidon des gendarmes de la garde du Roi, qui, après un souper au bois de Boulogne, allait boire le ratafia et manger des macarons au pont de Neuilly en compagnie de Lesther et de la Deschamps, et qui, pour avoir couché le soir même avec cette dernière, lui envoyait le lendemain une montre à répétition en or, émaillée, garnie de diamants (3).

Au mois d'octobre, ce n'était plus le comte, mais son père, le marquis de Valbelle, que la danseuse flouait par une de ses gabegies coutumières : l'agent Meusnier contait ainsi l'anecdote à ses chefs, en son style savoureux de policier frotté de lettres :

LA D^{lle} DESCHAMPS
DANSEUSE A L'OPÉRA
—
RUE DU FOUR
SAINT-HONORÉ

24 octobre 1752. — Samedi dernier, 21 de ce mois, la demoiselle Deschamps, danseuse à l'Opéra, gagna au marquis de Valbelle, brigadier des armées du Roy, des agraffes fines de bracelets. Depuis longtems le marquis la marchandoit et le prix seul avait jusque là suspendu la conclusion du traité. La Deschamps, pour tirer meilleure part de l'aventure, lui fit entendre qu'elle vivoit toujours avec Lalive d'Epinay qui l'obsédoit. Cependant elle lui dit, le vendredi, au sortir

(1) Bibl. de l'Arsenal, *Archives de la Bastille*, 11.846.
(2) Bibl. de l'Arsenal, *Archives de la Bastille*, 10.236.
(3) Bibl. de l'Arsenal, *Archives de la Bastille*, 10.236.

de l'Opéra, que s'il vouloit enfin réaliser ses offres, lui donner par avance les bijoux qu'il venoit de lui montrer, elle lui
engageoit sa parole d'honneur de répondre à ses désirs dès le
lendemain matin, ne pouvant s'acquitter le soir même,
attendu que M. Lalive soupoit chez elle, mais qu'elle sçauroit
faire en sorte qu'il n'y couchât point. Le marquis donna dans
le panneau et lâcha les bijoux. Le lendemain, dès huit heures
du matin, il étoit à la porte de la Deschamps. La demoiselle
Lhester, sa complaisante, vint lui annoncer qu'il étoit impossible qu'il pût entrer pour le moment, que, s'il vouloit
repasser dans une couple d'heures, son amie seroit visible. Le
marquis qui avoit payé d'avance ne goûta point la proposition, força la barrière et entra brusquement dans l'appartement. Mais, au lieu de trouver la Deschamps seule et dans les
bras du sommeil, il la trouva, très éveillée, dans ceux du
sieur d'Apremont, lieutenant de la compagnie de Champi-
gneule ; au moyen de quoi, il fut obligé de se retirer, en
attendant son tour (1).

Enfin, concurremment avec La Coulandre, avec
d'Epinay, avec les Valbelle père et fils, avec d'Apremont, avec combien d'autres, dont les noms sont
perdus pour l'Histoire, la Deschamps, durant cet hiver
de 1752, attirait, pour la seconde fois, les regards d'un
prince du sang. Le duc d'Orléans « l'honorait de ses
visites » (2).

(1) Bibl. de l'Arsenal, *Archives de la Bastille*, 10.236.
(2) Louis-Philippe, fils de Louis, et petit-fils du Régent. Il
n'était duc d'Orléans que depuis quelques mois et portait joyeu-
sement le deuil paternel. Déjà, comme duc de Chartres, il s'était
acquis la renommée d'un libertin. D'Argenson, dans ses *Mémoires*, dit : « Le duc de Chartres est entouré de misérables godelu-
reaux qui le portent à toutes les dépenses du libertinage ; on le
fait courir toutes les nuits de boucan en boucan, petites maisons
de courtisanes, Villers-Cotterets et à d'autres campagnes. Il ne
se couche jamais que le matin : il dort peu et s'échauffe le
sang ». Il avait épousé, en 1743, Louise-Henriette de Bourbon-
Conti, qu'on prétendait aussi débauchée que son mari, quoique
avec un peu plus de décence. — Voir aux Annexes (E) quelques
pièces inédites sur le duc d'Orléans. Consulter aussi notre
ouvrage : *Les Théâtres clandestins*, pp. 89-110.

LA D^{lle} DESCHAMPS
DANSEUSE A L'OPÉRA
—
RUE DU FOUR
SAINT-HONORÉ

7 janvier 1753. — La D^{lle} Deschamps, danseuse à l'Opéra, *n'est plus depuis quelque tems honorée des visites du duc d'Orléans.* Il lui restoit seulement de cette aventure M. de Saulgeon, gentilhomme du prince, qui continuoit de fréquenter chés elle en qualité de greluchon. Mais, par arrangement, il n'y paroit plus, du moins aussi souvent qu'elle le désireroit, depuis que M. de Persan, capitaine de cavalerie ou de dragons, fils de l'intendant du commerce, s'est chargé de faire les frais du ménage et de donner 400 fr. par mois à la D^{lle} Deschamps. Il est même si jaloux de sa nouvelle conqueste, que quelqu'un, dans sa confidence, cherchoit ces jours-cy une personne de confiance pour observer la D^{lle} Deschamps, dans la crainte qu'il a qu'elle ne voye encore le prince, ou le sieur de Saulgeon. Le hasard a voulu que l'on ait jeté les yeux sur un de mes clercs, qui s'est contenté d'écouter la proposition, sans l'accepter (1).

Quelqu'un d'autre, est-il à présumer, acceptait la mission et renseignait M. de Persan. Un mois ne s'était pas écoulé que le capitaine, pleinement édifié, renonçait à rendre la Deschamps fidèle, et battait en retraite discrètement pour offrir son dépit amoureux à Mlle La Motte, de la Comédie-Française.

(1) BIBL. DE L'ARSENAL, *Archives de la Bastille*, 10.236.

XIII

Ministre plénipotentiaire et envoyé extraordinaire de l'Evêque de Liège et de l'Electeur de Bavière, Maximilien Van der Eycken, comte d'Eyck, connu des Parisiens depuis 1744, n'avait pas la réputation d'un homme à femmes. La nouvelle qui se répandait au commencement de février (1753), qu'on le voyait aller continûment chez la Deschamps excitait quelque surprise et fomentait des incrédulités. On ne voulait pas croire que l'excellent Flamand s'accommoderait de l'inconstance systématique d'une maîtresse dont chacun répétait : « Elle en prend où elle en trouve ».

Au reste, il ne s'en accommodait pas longtemps. Les amours de M. Van Eyck et de Marie-Anne ne passaient pas la durée d'une semaine. Un feu de paille.

Dès le 8 février, les soupers du duc d'Orléans, interrompus à la fin de l'année précédente, reprenaient de plus belle. La Deschamps et la Lesther en faisaient les honneurs, avec Mlle Gaussin, principale actrice des théâtres privés de Monseigneur. Le 12, nouveau souper, où festoyaient le duc et quelques-uns de ses familiers : M. de Montauban, le comte de Frise, le marquis de Ségur, le baron de Bezenval, M. d'Anezan ; sans oublier l'inévitable M. de Saul-geon, gentilhomme du prince, et le chansonnier Collé, son fabricant de parades et de couplets. Toute cette compagnie bruyante ne se séparait qu'à des quatre heures du matin, mettant en émoi les chiens endor-mis et les paisibles paroissiens de Saint-Eustache.

Les visites du duc d'Orléans n'amélioraient pas directement l'ordinaire de la Deschamps. Philippe, coureur de gros plaisir, était peu magnifique en ses débauches, et il croyait faire, par sa préférence, assez d'honneur à celles qu'il avait élues, sans leur faire encore des rentes. Mais son retour était comme une façon de réparation publique. Gibier de prince vaut qu'on le braconne. De fait, il n'en fallait pas davantage pour déterminer Lalive d'Epinay, très attiédi depuis quelques mois, à quitter Mlles Ver-rières et Fauconnier pour s'atteler uniquement au char de la Deschamps. Et cette résolution s'affirmait tout aussitôt par des actes, plusieurs présents de grand prix, une pluie de diamants.

De sorte que Marie-Anne, sans trop de déplaisir, voyait se ralentir et s'espacer, vers le mois de mars, les petites fêtes du prince, dont la fantaisie allait et venait, avec des à-coups, de brusques cassures et des revenez-y.

Elle s'en tenait à Lalive, auquel elle adjoignait, pour ne pas être prise sans vert : 1º le fidèle La Coulandre, qu'elle avait plumé au vif l'été passé, mais dont le duvet repoussait périodiquement, avec ses revenus ; 2º un M. de Saulègre, Hollandais argenteux, logé chez son ambassadeur, et fonçant bien à l'appointement (1).

(1) M. Bekenroode, ambassadeur des Etats-Généraux, chez qui logeait M. de Saulègre, habitait rue de l'Université.

... On vantait à l'Opéra la sagesse d'une vieille cantatrice retraitée, nommée Carton, devenue, par ses mots judicieux, l'arbitre des coulisses. Un soir qu'un étranger, ayant payé d'avance le trésor d'une jeune figurante, se plaignait d'avoir été volé sur le titre du bijou et réclamait ses arrhes, cette nouvelle Salomon avait déclaré le demandeur forclos, par cet arrêt : « Quand la toile est levée, on ne rend pas l'argent » (1). La Carton avait, à l'usage de la jeunesse, bien d'autres préceptes lapidaires dont l'un disait : « Dans le métier, il n'est si grand plaisir que de faire fortune en détail. » Marie-Anne suivait les enseignements de la Carton.

(1) G. CAPON, *Les Maisons closes*, 1903, in-8 ; p. 221.

XIV

Malgré l'occupation de ses heures, la Deschamps,
au mois de janvier, avait trouvé le temps d'être
marraine. Elle avait tenu sur les fonts baptismaux
l'enfant d'un sieur Rigolleau, (valet de chambre de
M. de la Coste, cornette des gendarmes de la garde),
et de la demoiselle Lecouvreur, fille de commodité,
son épouse.

Mais le plus étonnant de l'histoire, c'est que la Deschamps avait eu pour compère, — qui ? Deschamps
en personne, son mari lui-même, dont la Lecouvreur
passait pour être la maîtresse.

Oui, Jean-Baptiste Bursé, dit Deschamps, ci-devant
acteur à l'Opéra-Comique ; Deschamps, qu'elle avait
laissé jouant la comédie à Amiens lorsqu'elle prenait
le coche pour Paris, à la poursuite du comte de Clermont, Deschamps avait eu la nostalgie de la capitale
et de sa femme. Rentré vers 1750, il avait logé pendant dix-huit mois, à peu près, rue Froidmanteau,

vivant d'expédients, vivant mal à coup sûr, puisqu'au mois de mai 1751, il déménageait ses meubles furtivement, faute de pouvoir acquitter son terme de loyer, lequel n'était pourtant que de trente cinq livres. Même le principal locataire de la maison avait dû présenter requête au lieutenant-civil pour qu'il autorisât le commissaire du quartier à faire forcer la porte, Deschamps étant parti avec les clés (1).

Qu'était-il devenu après cette frasque ? En 1752, la police croyait savoir qu'il vagabondait encore en province. On n'entendait plus parler de lui. Puis le drôle apprenait, sans doute par les cancans des comédiens ambulants, gazetiers de tréteaux, que sa femme, à faire noces dans Paris, commençait à se pousser, à sortir de l'ornière. Alors il accourait pour avoir sa part du gâteau et profiter au moins de l'inconduite de Marie-Anne, s'il ne pouvait l'empêcher.

Depuis le retour, il se coulait la vie douce. Rengagé à l'Opéra-Comique de la foire, dans son emploi des *amoureux*, il augmentait ses émoluments de contributions prélevées sur Marie-Anne. Il s'était lié d'une amitié fraternelle avec le sieur Rigolleau, vaurien de son espèce. Tous deux se montraient continuellement ensemble aux spectacles, aux promenades, dans les taudions, ribotant, ramponant et mettant pinte sur chopine.

Or, la femme de Rigolleau accouchait le 9 janvier. On invitait la Deschamps et son mari à nommer l'enfant. Cette fête de famille avait même double résultat. Rigolleau, qui n'avait pas été sans observer l'impression forte produite sur l'accouchée par le luxe de la danseuse, laissait entendre clairement à sa femme qu'il ne tenait qu'à elle de faire une fortune aussi brillante, si elle voulait se mettre au-dessus du préjugé. La Lecouvreur, peut-être, n'attendait que cette autorisation et ses relevailles ; elle adhérait à l'avis. Et, désormais, Rigolleau, ménageant ses talents de

---

(1) Bibl. de l'Arsenal, *Archives de la Bastille*, 10.236.

valet de chambre, ne laissait à personne le soin de
parer sa moitié pour la rendre plus appétissante ;
l'habillant, la frisant, la gracieusant, la pomponnant
lui-même ; se retirant enfin, digne et discret, aussitôt
qu'arrivait la pratique, dans une petite chambre qu'il
avait louée à un autre étage de la maison.

XV

Deschamps, maquereau de sa femme, vivait-il impudemment sous le même toit ? On n'en saurait douter, à la lecture d'une plainte en justice où le sire apparaît dans le rôle imprévu de champion de la vertu, défenseur de la morale.

Le jeudi 5 avril 1753, à dix heures du soir, Deschamps traînait au bureau du commissaire Merlin un gars de dix-neuf ans, le nommé Nicolas Hervé, dit Lajeunesse. Après avoir décliné son propre état-civil : « Jean-Baptiste Deschamps, demeurant rue du Four, paroisse Saint-Eustache », il requérait l'arrestation et l'envoi en prison du particulier, « pour des motifs qu'il se réservait de déclarer au lieutenant de police ». Une heure plus tard, Deschamps revenait avec le guet, accompagnant, cette fois, une dame Hurel, dont il réclamait l'incarcération pour des motifs également mystérieux. Enfin, le lendemain, à quatre heures après midi, il amenait encore une prisonnière, la dame Victoire Lesueur, et la faisait aussi coffrer sous verroux (1). Lajeunesse était le laquais, Victoire, la cuisinière de la Deschamps ; la dame Hurel était une revendeuse à la toilette.

Deschamps les accusait : Lajeunesse d'avoir violé, les deux femmes d'avoir aidé à violer sa belle-sœur, la petite Pagès, âgée de quatorze ans. Cet attentat commis à son foyer avait secoué Deschamps d'une indignation véhémente. Sans doute, lui-même, à ce foyer, mangeait le pain de la honte. Mais quoi ! c'était son métier, à sa femme ! Tandis que cette bambine toute neuve, vierge, ou presque ! S'attaquer à une enfant ! Passe encore si l'attaque fût venue de quelque amateur pécunieux capable de réparer. Mais un Lajeunesse, un misérable laquais ! Galvauder un capital qui dans quelques mois eût valu vingt-cinq louis au cours le plus bas ! Le coquin allait trouver à qui parler. Et l'on apprendrait que lui, Deschamps, gardien de l'honneur de la famille, n'était pas homme à transiger avec sa conscience. Aussi poussait-il l'affaire avec fermeté, et, dès le lendemain, le commissaire interrogeait les prévenus et rédigeait quelques procès-verbaux d'une ingénuité tout administrative (2).

Malgré quelques contradictions des prévenus, leur culpabilité n'était pas nettement démontrée. D'autre part, du 25 mars au 5 avril, la plainte de Deschamps pouvait sembler bien tardive. Cependant le commissaire Merlin, inflexible sur le chapitre des mœurs, donnait raison au plaignant, en transférant les deux femmes à l'Hôpital général et Lajeunesse à Bicêtre, le mercredi 11 avril.

L'agent Meusnier, moins rigide que le commissaire, était moins affirmatif quant au viol dans son rapport au lieutenant de police : « L'aventure, disait-il en

(1) ARCHIVES NATIONALES, *Papiers des Commissaires*, Y. 12.955 (Commissaire Merlin).

(2) Voir aux Annexes (F) ces procès-verbaux, trop longs pour s'intercaler ici *in extenso*.

bref, serait rien moins qu'heureuse pour la jeune Deschamps, si réellement elle en était à son début. Mais, quoique la Deschamps ait affecté jusqu'ici de garder sa sœur à vue, plusieurs personnes affirment qu'elle n'est pas aussi innocente sur cet article qu'on veut le faire entendre ».

Et ce que le policier laissait entendre, lui, c'est que le vrai mobile de la Deschamps aurait été « de se soustraire par cette manœuvre concertée au paiement d'une somme de douze à treize cents livres dont elle était redevable à la dame Hurel ».

Meusnier terminait par un portrait de la petite Pagès :

« La demoiselle Deschamps dont il s'agit icy, entre dans sa quatorzième année. Elle est petite, blonde, d'une figure un peu doguine, point jolie » (1).

(1) BIBL. DE L'ARSENAL, *Archives de la Bastille*, 10.236.

XVI

Le jargon des filles, au siècle avant-dernier, nommait déjà « miché » l'amant de passage, généreux plus ou moins ; toujours payant.

Mais, pour l'amant habituel d'une courtisane, le même jargon reconnaissait quatre manières d'être, résumées par quatre mots, selon la nuance des choses.

Celui qui défrayait de tout, l'entreteneur, le protecteur avoué, était dit : le « monsieur ». Immédiatement au-dessous venait le « greluchon », amant donnant moins que le monsieur, jouissant d'entrées de faveur et de rabais sur le tarif, payant surtout en menus cadeaux, mais payant tout de même. Le « farfadet » marchait troisième, reçu gratis mais ne recevant rien, sinon à titre de prêt. Le « qu'importe » enfin tenait le pied de l'échelle, souteneur pur et simple, appointé de la débauche.

Chez la Deschamps, à l'heure actuelle, La Coulandre et d'Epinay se partageaient l'emploi du *monsieur* ; Deschamps, le mari, était le *qu'importe* ; le marquis de Saulgeon, gentilhomme du duc d'Orléans, jouait les *farfadets* (1).

Dans son interrogatoire chez le commissaire, à propos du viol prétendu de la petite Pagès, la femme Victoire Lesueur, avec des réticences, laissait deviner que M. de Saulgeon avait ses entrées franches rue du Four-Saint-Honoré. Il y venait en effet de jour et de nuit, quand la place était libre,

Voire même quand elle ne l'était pas.

Grâce à lui, certain samedi du mois de juin, une algarade assez mortifiante était subie par le doux La Coulandre. Le maître de forges s'était laissé soutirer, peu auparavant, un millier d'écus environ ; il se croyait en droit de réclamer quelque retour. Ayant donc, ce samedi-là, mené la Deschamps à sa répétition, il convenait avec elle qu'on souperait ensemble et qu'on se coucherait ensuite. A l'heure dite, il arrivait, le bec enfariné, chez la danseuse, et la trouvait au lit, se plaignant d'une colique. Tandis qu'elle geignait et se tortillait le plus savamment du monde, M. de La Coulandre demeurait stupide en dénichant, dans la ruelle du lit, M. de Saulgeon, qui n'attendait que son départ pour s'en donner par-dessus les croupières. M. de La Coulandre n'était pas pour le scandale : il gobait la pilule, ne disait mot, prenait son chapeau et partait. Mais, le lendemain, il venait protester contre la bouffonnerie, qu'à l'examen il jugeait un peu roide. En guise d'excuses, Marie-Anne l'accueillait à coups de pincettes, et lui faisait danser le branle de sortie. Le surlendemain, tous deux étaient plus amis que jamais, ce benêt de Franc-Comtois encore trop heureux que la Deschamps voulût bien lui pardonner les torts qu'elle avait eus (2).

(1) M. de Saulgeon, colonel dans les grenadiers de France et chambellan du duc d'Orléans, était fils de Mlle de Reignac qui avait épousé en premières noces M. de Saulgeon et en secondes noces M. de Montmorency.

(2) Bibl. de l'Arsenal, *Archives de la Bastille*, 11.846.

Avec un La Coulandre, l'aventure était sans consé-quences ; avec tout autre elle eût pu tourner mal. La danseuse le sentait et défendait sa porte à Saulgeon. Mais, au bout de quelques jours, elle n'y pouvait tenir et faisait les premiers pas. D'où ce billet singulier du marquis :

Quelle fut ma surprise, hier au soir, lorsque je rentray ; on me dit que Champchamp était venue pour me voir, il y avoit à peine six minutes. J'eus un chagrin mortel de n'être pas revenu un quart d'heure plus tôt ; mais je n'eus jamais l'au-dace d'aller sur-le-champ chés elle savoir le motif d'une démarche à laquelle je devois si peu m'attendre. Après avoir été jusqu'à 4 heures dans une indétermination continuelle, je me suis mis au lit pour n'y goûter d'autres douceurs que celle de penser à Champchamp. Plus je la vois, plus son cœur me paroît d'un prix inestimable. Et ses sentimens sont uniques ; elle ne compte absolument pour rien les plaisirs des sens, et ne fait de cas en amour que de l'amour luy-même. Je joins par là, à celui dont je brûle pour elle, le respect et la vénéra-tion que l'on doit à une personne qui tient si peu à l'huma-nité. Ma seule occupation sera de lui plaire, de mériter ce qu'elle fait pour moy et mon bonheur unique de l'aimer jus-qu'au dernier soupir. Je n'ose m'informer, je n'ose lui demander ; mais elle doit sentir combien me coûteroit cher la privation de la voir. J'attends ses ordres. Puissent-ils se conformer à mes désirs. Je vais dîner à Cadet pour y répéter (1).

Chagrin mortel, sentiments uniques, respect et véné-ration... Fichtre ! Au résumé : « Ma seule occupation sera de plaire et de mériter ce qu'on fait pour moi ». Tel était le positif de ce langage enflé de superlatifs. Qui parlait ? l'amoureux ou le débiteur ?

(1) Bibl. de l'Arsenal, *Archives de la Bastille,* 11.846. — La dernière phrase a trait aux représentations privées que le duc d'Orléans donnait sur ses divers théâtres. Les répétitions se faisaient dans la petite-maison du prince, rue Cadet.

XVII

Toutes les lettres que recevait la Deschamps n'étaient
pas aussi tendres que celle-là.

Un sieur de Chalost, introduit par M. de Monteau,
avait fait cadeau à Marie-Anne, escomptant sa reconnaissance, de deux robes de perse et d'une trentaine
de louis. Mais, comme il trouvait toujours face de
bois quand il se présentait chez elle, et comme il
n'ignorait point, d'autre part, que la porte s'ouvrait
toute large pour le chevalier Lambert, banquier juif, ou
pour M. de Saud, gentilhomme hollandais, clients de
hasard qui n'avaient pas plus de droits acquis que
lui-même, il s'impatientait — à la longue — de garder le mulet, et il écrivait, un peu commercialement,
malgré le ton d'aisance et de bonne compagnie :

Ce 28 juin 1753.

Vous ne devez pas, Madame, me trouver trop pressant ;
je vous ay bien laissé le tems de la réflection depuis le

dernier rendez-vous manqué. Mais vous me blâmeriez si je vous perdois de veue et ne vous faisois pas souvenir que vous n'êtes point quitte avec moy. Je vous écris pour vous demander ce que vous souhaités que cecy devienne. Mandez-moi le jour et l'heure que vous voulez que j'aille chez vous, ou si vous comptez qu'il ne sera plus question de rien de vous à moy. Je vous demande sur cela vostre dernier mot, étant bien aise de sçavoir à quoi m'en tenir. J'espère que vous me donnerez des nouvelles satisfaisantes et que vous me traiterez comme le méritent mes procédés pour vous. Si vous êtes capable de retour, je n'auray rien fait de trop et en toutes occasions je serai charmé de vous marquer combien je suis reconnaissant de ce qu'on fait pour moy. Adieu, malgré vos rigueurs, je vous embrasse de tout mon cœur (1).

A cette mise en demeure que répondait la Deschamps? Rien sans doute. Marie-Anne avait bien affaire, en ce moment, d'un sieur de Chalost et de ses robes de perse! Elle s'était fiché en tête que, pour mettre le sceau à sa célébrité naissante, il fallait devenir la maîtresse de Louis XV. Et pourquoi pas?

Entichée de cette idée, elle faisait mille avances de politesse et même des présents à Laval, maître des ballets de la Cour, pour qu'il la fît danser devant le Roi, à la première occurence (2).

Afin de se réserver une autre apostille dans la haute domesticité de Versailles, elle s'adonnait à l'équitation, et prenait, comme professeur, le sieur Littleton (on prononçait en français Petiton), un des vingt écuyers servant par quartier pour la personne du Roi, avec la charge de suivre partout Sa Majesté lorsqu'elle montait à cheval. M. de la Coulandre, en sus d'un billet de cent louis payable à trois mois, faisait don à Marie-Anne d'un habit vert galonné « à la bourgogne » pour ses futures chevauchées. Et M. de Saulgeon lui achetait un petit cheval, quoiqu'il se

(1) Bibl. de l'Arsenal, *Archives de la Bastille*, 10.236.
(2) Bibl. de l'Arsenal, *Archives de la Bastille*, 11.846.

doutât bien que Littleton chassait sur ses terres, cavalcadant avec Marie-Anne en dehors du manège et la greluchonnant (1).

(2) Bibl. de l'Arsenal, *Archives de la Bastille*, 11.846.

XVIII

Au mois de juillet, réapparition du duc d'Orléans :
il soupait, il couchait. Et Lalive d'Epinay dont le
zèle et les dons se réglaient comiquement sur les
intermittences du prince, offrait à Marie-Anne deux
douzaines d'assiettes en argent.

Le caprice de Monseigneur semblait cette fois plus
durable. La Deschamps faisait des progrès dans son
cœur et devait gagner à être connue, car le duc d'Orléans l'emmenait à sa maison de Villers-Cotterets, où,
du reste, Littleton la suivait (1).

Mais ce départ donnait aussitôt naissance à de
méchants bruits sur la santé de la danseuse ; ou, plutôt, il accréditait les bruits déjà propagés.

Dans les premiers temps que le duc d'Orléans
voyait la Deschamps, la demoiselle Lesther avait, en
secret, moyenné à son amie deux ou trois rendez-

(1) Bibl. de l'Arsenal, *Archives de la Bastille*, 11.846.

vous avec le comte de Tobianski, ex-grand-chambellan de Pologne, vieux pénard usé de plaisir, mais de qui quatre-vingts hivers n'avaient pas encore calmé les prurits, et que connaissaient bien les prostituées de Paris, qu'il avait toutes plus ou moins ratées (1).

La Lesther ayant écrit audit chambellan pour lui offrir de nouveau son entremise auprès de la Deschamps, recevait de lui deux robes, une d'été, une d'automne ; mais l'octogénaire avait su que la danseuse présentait des symptômes moins que rassurants et il faisait précéder ses étoffes de cette fin de non-recevoir polie :

Juillet 1753. — A Mlle Lesther, à Paris.

Je ne connois que trop, Mademoiselle, votre exactitude et peines que vous vous êtes doné pour me faire. Ne douté pas, je vous prie, que je vous les reconnaisse dans peu, sachant où vous trouver et ayant vostre adresse.

Je suis charmé que Mlle Deschamps se porte bien ; je vous prie de lui faire mes compliments et de lui dire que je seray toujours son bon amis, le plus secret de tous ses amans qu'elle a eus. Mais je n'auray pas le plaisir de la voir tant par raport à la situation où elle se trouve, que par raport à la mienne.

Ce que M. de Tobianski ne disait qu'à mots couverts, les nouvellistes le relataient tout à cru. L'un d'eux notait sur ses tablettes, vers la même époque :

La semaine passée, elle [la Deschamps] s'est avisée d'aller faire la visite dans une petite maison au fauxbourg Saint-Laurent, que son mary a louée pendant la foire. Après avoir examiné tous les meubles, elle est descendue à la cave, où elle a fait tourner deux cents bouteilles de bierre et deux pièces de vin. De là on doit conclure qu'elle n'est pas saine (3).

(1) Voir aux Annexes (G) quelques fragments du dossier de police de Tobianski.

(2) BIBL. DE L'ARSENAL, *Archives de la Bastille*, 10.241.

(3) BIBL. DE L'ARSENAL, *Archives de la Bastille*, 11.846.

Oui, Deschamps, le mari, avait quitté la rue du Four et s'était retiré au faubourg Saint-Laurent, « pendant la foire » disait-on pour motiver sa retraite, afin d'être à proximité de l'Opéra-Comique.

Mais la vérité, plus forte que tous les mensonges semés à dessein, éclatait bientôt, terrifiante pour les amants de sa femme : Deschamps « passait les remèdes » et même il était si fort contaminé que les médecins désespéraient presque de sa vie.

Marie-Anne, en cette conjoncture grave, ne perdait pas la carte. Pour démentir les racontars qui la salissaient, pour déjouer les calomnies qui auraient désachalandé son alcôve, il importait qu'elle s'exposât avec éclat, que tout Paris la vît, fidèle au poste, fraîche, ragoûtante, en bon point. Elle revenait donc de Villers-Cotterets et une soirée à la Comédie-Française lui était l'occasion d'un étalage invraisemblable de diamants :

LA D^{lle} DESCHAMPS, DANSEUSE A L'OPÉRA,

RUE DU FOUR SAINT-HONORÉ.

Du 17 aoust 1753. — Le 6 de ce mois, la D^{lle} Deschamps et la D^{lle} Rez, toutes deux danseuses à l'Opéra, furent à la Comédie françoise, et sembloient se disputer laquelle seroit la plus brillante (1). L'une et l'autre avoient un bouquet et deux agraffes fort riches, en diamans, outre ceux qu'elles avoient dans leurs coëffures ; mais l'honneur du triomphe fut décerné à la D^{lle} Rez qui avoit, de plus

(1) Louise Règis, dite Rey, née à Marseille, entrée à l'Académie royale de musique en 1751, avait alors moins de vingt ans. C'est à elle que, dans une ode aux filles d'Opéra, qualifiées « galériennes de Cythère », un poëte anonyme consacrait ces vers :

> Petite monture de page,
> Plus mutine qu'un sapajou,
> Le jour en brillant équipage,
> La nuit courant le loup-garou ;
> Qu'il souvienne à Ton Excellence
> De ces tems où, dans la Provence,
> Sur les bancs couverts de frimas,
> Ta mère endurcie au service
> Encourageoit ta main novice,
> Trop lente à gagner nos ducats !

que sa concurrente, une robe de taffetas cramoisy garnie à la
Bavaroise, pareillement en diamans, ainsi que la pièce de
corps. On pense bien, quoiqu'elles soient toutes deux assez
bien en diamans, qu'elles devoient au bijoutier une partie de
leur parure, néanmoins quelqu'un d'instruit croit que ceux
qu'avoit la Deschamps lui appartiennent ; et cette même personne dit, pour admettre la possibilité, tenir du sieur Fontaine, secrétaire des commandemens de M. le duc d'Orléans,
que la commère a eu le talent de tirer du prince plus de
600 louis en moins de deux mois ; ce qui est une somme
considérable pour luy, que l'on taxe de payer assez mal cette
sorte de marchandise (1).

Mais les méchantes langues ne chômaient pas pour
cela. L'audacieuse sortie de la Deschamps n'arrêtait
pas les propos médisants. On y mêlait seulement le
duc d'Orléans et des strophes étaient rimées où l'on
célébrait les « faveurs homicides » de Marie-Anne :

> Dieux ! Que vois-je ? De pierreries
> Ta gorge étale un triple rang ;
> Ta tête brille des folies
> Du premier des princes du sang.
> De Désaigle écolière habile,
> La Ville, en dupes si fertile,
> Ne peut suffire à tes exploits ;
> Et le flambeau des Euménides
> Conduit tes faveurs homicides
> Jusqu'au pied du trône des Rois.
>
> Mais ta grandeur, faible phosphore,
> Ne nous éblouit qu'un instant ;
> Bientôt le retour de l'aurore
> Te replonge dans le néant.
> Désaigle, soutient ton élève !
> Sans toi, sa carrière s'achève
> Chez la Piron ou la Maugé ;
> Par toi, de ses charmes funestes,
> Elle pourra vendre les restes
> A la milice du clergé (2).

(1) BIBL. DE L'ARSENAL, *Archives de la Bastille*, 10.236.
(2) [PIDANZAT DE MAIROBERT], *L'Espion anglois*, Londres, 1779-84,
10 vol. in-12 ; tome V, p. 224, — La Désaigle était une ex-chan-

Le duc d'Orléans ignorait-il ou méprisait-il ces avis ? Ses petits-soupers ne ralentissaient toujours point. On y admettait des étrangères : la demoiselle Sauvage, avec qui la Deschamps avait dû signer sa paix ; la demoiselle Ponchon, autre danseuse de l'Opéra, une brune grasse et blanche, à la gorge abondante, aux yeux vifs et enfoncés, que Francœur avait engagée après l'avoir vue jouer sur le théâtre du duc de Grammont, à Puteaux... C'étaient encore des parties nocturnes à Passy, dans la maison du duc de Valentinois, frère du prince de Monaco ; le duc d'Orléans quittait le Palais-Royal à sept heures du soir, en chaise de poste, et le carrosse de la Deschamps suivait à quelques minutes d'intervalle...

teuse de l'Opéra qui avait été aimée du maréchal de Saxe et passait pour être l'initiatrice à la vie galante des filles de l'Académie royale de Musique. La Piron et la Maugé étaient deux entremetteuses.

XIX

E^N septembre, la Deschamps demandait et obtenait des directeurs de l'Opéra, un congé de trois mois, pour raisons de santé. Malgré ses bravades, malgré sa volonté de rester sur la brèche pour faire taire la malignité publique, la malignité publique ne se trompait point. Et le vieux Tobianski avait été bien inspiré de décliner tout rendez-vous.

Marie-Anne était infectée du même virus que son époux ; mais, tandis que Bursé, énergiquement soigné, se remettait peu à peu, reprenait plaisir à vivre, hors de péril sinon guéri, la Deschamps voyait venir l'heure où il ne serait plus possible de celer son état, même aux yeux les moins exercés. Elle prenait alors la grande résolution ; décidait de « passer les remèdes » à son tour. Et son ingénieuse cervelle de femme découvrait sans effort l'alibi recevable propre à justifier une éclipse opportune.

L'opinion générale voulait, et il y avait en effet grande apparence qu'elle fût la favorite déclarée du duc d'Orléans. Elle-même le disait à tout venant. Dès lors, quoi de surprenant qu'un prince exigeât une maîtresse plus dignement logée ?... Elle faisait maison nette, congédiait femme de chambre, cuisinière et laquais, sans oublier dans cette lessive générale son amie Lesther, désormais inutile. Elle obtenait de son propriétaire la mise hors de tous les autres locataires, prenait à bail la totalité de l'immeuble et y installait les ouvriers pour transformer ces vieilles murailles du fond aux combles. Le duc d'Orléans, que ces travaux enchantaient, lui, le démolisseur et rebâtisseur par excellence, prêtait à Marie-Anne son ancien valet de pied La Rivière, qui venait camper au troisième étage, tenir sous l'œil les menuisiers, les serruriers, les peintres, les vitriers, les sculpteurs, les doreurs, lesquels s'emparaient des locaux, se mettaient incontinent à la besogne. Pour commencer, afin que le public vît bien qu'il s'agissait de travaux véritables, on remplaçait les petits bois et les volets peints des croisées par des petits bois et des volets dorés, les carreaux ordinaires par de grandes glaces en verre de Bohême...

La Deschamps, fuyant ce domicile devenu un chantier de tous les corps d'état, se retirait censément à Villers-Cotterets, chez le duc d'Orléans, pour attendre que le prince fût revenu du voyage annuel de la Cour, à Fontainebleau. Les apparences étaient sauves. En réalité, elle se mussait chez quelque chirurgien de Paris, ou, peut-être bien, à Chaillot, dans une maison à M. de Montamant, gouverneur du Palais-Royal ; le secret était si bien gardé que la police même en était réduite aux conjectures.

Mais le public n'était pas dupe ; car les petites femmes de l'Opéra, que narguait le luxe insolent de la Deschamps, colportaient à la ronde, avec des rires en dessous, que la camarade était partie pour la Suède et qu'elle reviendrait par la Bavière, — allusions aux suées provoquées et à la bave ordinaire du traitement mercuriel qui constituait ce qu'on nommait alors, par un euphémisme bienséant, « les grands remèdes ».

XX

D^E tous les maux affligeant, au siècle de Louis XV,
l'humanité française, les deux plus communs
étaient la petite vérole et la grosse.

La petite vérole, avant la trouvaille de la vaccine,
défigurait un quart des femmes de France, qui, pour
cacher leur difformité, se réfugiaient au couvent.
« Deux cent mille laiderons, disait le prince de Ligne,
mettent ainsi leur amour-propre à couvert » (1).

L'autre vérole avait son antidote : le mercure, qu'on
employait empiriquement, à tort et à travers, sans en
bien démêler les effets thérapeutiques ; on attribuait
surtout au remède un pouvoir « évacuant ».

Et c'était une affaire d'Etat que de passer les grands
remèdes. Tous les médecins, tous les chirurgiens, tous
les bandagistes, tous les herniers et faiseurs de

____

(1) Ed. et J. de Goncourt, *La femme au dix-huitième siècle*,
1890, in-12 ; p. 13.

brayers rivalisaient de charlatanisme pour persuader au monde que, seul, chacun d'eux détenait la formule magique propre à guérir et que le secret gisait en telle ou telle façon d'appliquer le spécifique. Les méthodes variées luttaient à qui prendrait le pas. Et c'était le système de M. Astruc, consistant en frictions d'onguent hydrargyrique, combattu par M. Fabre, son concurrent, parce qu'Astruc ordonnait qu'on frottât ferme, tandis que Fabre opinait pour qu'on frottât modérément. C'était la liqueur du baron Van Swiéten, sublimé corrosif pour l'usage interne, décriée quoique imitée par le chimiste Mollée, qui prônait en revanche sa « quintessence ». C'étaient, dans le même goût, les dragées célèbres de Keiser. C'était la pommade curative du sieur Torrès, en attendant le fameux liniment préventif et préservatif de Guibert de Préval qui allait attirer sur son inventeur les foudres de la Faculté (1).

Mais le traitement le plus suivi au temps même où la Deschamps implorait les secours de la science, était le régime sudorifique en chambre et les frictions à l'onguent gris.

La Deschamps, livrée au chirurgien, était d'abord saignée au bras et au pied. Le lendemain on la purgeait avec la manne, les follicules et le sel végétal. Le jour d'après, elle commençait les bains domestiques, que l'on poussait généralement à vingt, tantôt plus, tantôt moins, selon le tempérament du sujet. La malade y devait rester une heure et demie ou deux heures le matin, à jeun, autant l'après-midi, trois ou quatre heures après le dîner. La température des bains était minutieusement calculée : il ne fallait pas, en effet, que cette eau fût trop chaude, « crainte qu'elle n'agitât le sang au point d'exciter la fièvre ou des sueurs excessives » qui eussent exténué la patiente. Dans chaque bain on lui faisait prendre un bouillon de rouelle de veau avec une bonne poignée de bour-

---

(1) G. Capon, *Les Petites maisons galantes*, 1902, in-8 ; p. 24.

rache, de buglose, de chicorée sauvage et de cerfeuil. De temps en temps, on substituait à ce bouillon tantôt du petit lait, tantôt de l'eau de poulet, dans lesquels avaient infusé quelques-unes des plantes « altérantes » susdites. Les bains finis, Marie-Anne était encore saignée et purgée comme devant. Pendant toute l'administration de ces remèdes, elle n'avait eu le droit que de pignocher du bouilli, des panades, des rôtis de viandes blanches ; et, le soir, une soupe seulement et deux œufs.

Or, vers la fin de ces manœuvres préparatoires, le chirurgien traitant s'appliquait en personne à la confection de l'onguent sauveur, car il convenait que la matière fût triturée *secundum artem* et non par les mains de quelque apothicaire de miton-mitaine. Il avait soin de n'employer que le mercure revivifié du cinabre Il « éteignait » une livre de ce mercure dans un mortier de marbre avec un peu d'esprit de térébenthine ; il y mêlait douze onces de saindoux et broyait le tout pendant quarante-huit à soixante-douze heures. Après quoi, il faisait fondre, « dans un poêlon de terre », quatre onces de suif, et lorsque ce suif était à moitié refroidi, il l'incorporait curieusement à l'onguent « pour donner plus de consistance ».

Enfin, la Deschamps bien mise au point, saignée, baignée, évacuée, quarante-huit heures après le purgatif prenait un dernier bain émollient, dans la matinée, pour ouvrir les pores de la peau, et, le soir, avant de se coucher, recevait la première friction.

Point capital que la « manière » de frictionner. Un grand nombre de chirurgiens ignares, brutaux et trop pressés, suivaient la pratique détestable de tenir les malades assis ou debout devant un feu flambant ; ils frottaient d'abord à sec, avec la main chauffée, la partie sur laquelle ils devaient étendre l'onguent, jusqu'à ce qu'elle fût rubéfiée et brûlante ; ayant alors étalé la pommade, ils massaient derechef avec la paume nue. Mais les praticiens doctes et avisés ne tombaient point dans cet excès. Ils savaient qu'une telle recette,

par la quantité de mercure, pouvait provoquer des
ravages, tels que le gonflement subit de la langue,
l'engorgement des glandes salivaires, l'enflure de
toute la tête, la dysenterie, la fièvre, le délire, les con-
vulsions. Ils paraient à ces dangers en barbouillant
d'onguent, de façon égale, une large surface de la
peau, en frottant légèrement et pendant quelques
minutes. Ils estimaient que l'intrusion de la mixture
était par là rendue plus prompte et plus facile, car il
ne fallait ordinairement que trois ou tout au plus
quatre frictions de deux gros chacune pour établir le
flux de la bouche, alors qu'autrement cette « évacua-
tion salutaire » ne se déclarait qu'après la sixième ou
septième friction. De la sorte ils étaient rarement surpris par les accidents d'une salivation « orageuse »,
puisqu'ils l'établissaient par gradation, et se rendaient
les maîtres d'en arrêter les progrès.

La Deschamps, donc, recevait les frictions dans
l'ordre immuable fixé par l'expérience et l'art : la première aux jambes depuis les malléoles jusqu'aux
genoux ; la deuxième aux cuisses et aux fesses ; la
troisième aux bras, depuis les épaules jusqu'aux poi-
gnets ; la quatrième au dos ; entre les frictions, un
jour d'intervalle durant lequel la danseuse était plon-
gée au bain. Et l'on recommençait, dans le même
ordre, jusqu'à la moitié du traitement. A partir de ce
moment, elle ne prenait plus qu'un bain tous les
quatre jours, et, sitôt les frictions terminées, on cou-
vrait la partie enduite d'un bas, d'un caleçon ou d'un
gilet de toile, tant pour ne pas salir les draps, que
pour ne point perdre d'onguent. Enfin, vers le vingt-
cinquième jour, on terminait par une application sur
la partie lombaire, nommée le *coup de grâce*, parce
qu'il marquait le commencement de la fin et rendait
la salivation plus abondante. On « décrassait » alors la
malade et l'on jugeait accomplie la dépuration de la
masse du sang...

Et Marie-Anne respirait à pleins poumons, recluse
libérée, la séquestration ayant été jusque-là de règle

rigoureuse, en une chambre modérément chauffée,
tant on redoutait que le froid suspendît les évacua-
tions ou qu'inversement la chaleur raréfiât le sang,
épuisât la malade par une transpiration trop forte.

Hélas ! la pauvre était bien assez émaciée de diète :
une soupe le matin, une soupe le soir, et, sitôt la salivation déclarée, seulement six bouillons sans pain
toutes les vingt-quatre heures. A ce régime, les plus
potelés devenaient squelettiques, transparents, d'une
faiblesse à faire pitié. Mais rien n'était plus surprenant, affirmaient les spécialistes, que la rapidité avec
laquelle ils reprenaient des forces et de l'embonpoint,
dès qu'ils se remettaient à manger ; sept à huit jours
de bonne chère et c'était à douter qu'ils eussent
jamais été malades... (1).

(1) Fabre, *Traité des maladies vénériennes*, 1765, in-12 ; p. 102.
— Roger Dibon, *Mémoire concernant les différens remèdes pour
les maladies vénériennes*, 1764, in-8 ; *passim.* — Dr Louis Boucher,
La Salpétrière, 1883, in-8; p. 131.

XXI

QUEL d'Hozier contemporain se fût risqué à établir
avec quelque chance de certitude la filiation du
mal qui contristait Marie-Anne et qu'elle se disposait
à répandre dans le commerce ? Or, voici que, grâce à
un recul de cent cinquante ans, grâce à la concordance de notes éparses, jetées sur le papier par des
gens qui n'étaient point de connivence, voici qu'il
serait maintenant facile de nommer le porteur de ce
cadeau de galanterie et d'inculper, à coup sûr, Lalive
d'Epinay.

Lalive était malade depuis 1748, et dès les débuts de
1749 sa femme était atteinte par les premières tou-
ches de l'infection : « Je suis triste et mal à mon aise
aujourd'hui », écrivait-elle, mélancolique, à la date
du 5 janvier. Moins de deux mois plus tard, elle était
fixée sur la nature de son malaise : « Quel cahos dans
mon âme ! Quel bouleversement dans mes idées !
Quelle révolution s'est faite en moi ! J'étais, sans le

savoir, la victime d'une maladie horrible. C'est à
Mlle d'Ette que j'en dois la conviction et le courage d'y
avoir remédié » (1).

Mlle d'Ette, à son tour, mandait vers la même date
au chevalier de Valory : « M. d'Epinay a su que c'étoit
moi qui avois éclairé sa femme sur son état et je crois
qu'il ne m'en aime pas davantage. Son premier mouvement fut de me dire : — Ah ! pourquoi le lui a-t-elle
dit ? Jugez par là de la délicatesse et de l'honnêteté de
l'homme. Il arriva chez elle avec l'air du plus faux
repentir et de la douleur la moins sentie ».

L'agent Meusnier, dans un rapport du 17 octobre
1752, enregistrait cet *on-dit* :

« On dit hautement que la D^lle Pelissier a donné la vérolle
à l'abbé de Maigrigny, conseiller au Parlement et chanoine
de Notre-Dame. Si le fait est vrai, comme on le soutient, la
D^lle Fauconnier, l'aînée, chez laquelle il alloit assez assidue-
ment pendant le mois dernier, en aura reçu quelques écla-
boussures » (2).

En quoi Meusnier faisait erreur à demi. Non pas que
le chanoine fût indemne. Mais ce n'était pas lui qui
avait transmis à la demoiselle Fauconnier un souvenir
de la Pelissier ; c'était, tout au rebours, la demoiselle
Fauconnier qui avait mis sur le flanc l'abbé parlemen-
taire, attendu qu'elle était « éclaboussée » depuis des
mois déjà qu'elle fréquentait M. Lalive. Celui-ci, qui
voyait, concurremment avec Fauconnier, la cadette des
demoiselles Verrières et la Deschamps, déversait dans
ces trois maisons la contagion, en même temps que
ses écus. L'exempt de robe courte Charles Julie y
trouvait le sujet d'une de ses « nouvelles à la main » :

20 juillet [*1752*]. — M. Lalive d'Epinay a poivré d'une
importance la demoiselle Verrières cadette, sa maîtresse. Ils
sont tous les deux dans un état pitoyable, et malgré cela Lalive

(1) Mme d'Epinay, *Mémoires*, 1863, 2 vol. in-8 ; tome I, pp. 122-123.
(2) Bibl. de l'Arsenal, *Archives de la Bastille*, 10.238.

d'Epinay voit la Deschamps, et toutes les autres filles qui lui plaisent. Il a donné à disner hier, chez lui, aux deux demoiselles Verrières et demoiselle Fauconnier. Il y avoit en hommes M. Dumas, des postes ; M. Vallée et quelques autres, etc. (1).

Ainsi, quatre témoins, indépendants, accusant soit directement, soit indirectement Lalive d'Epinay : sa femme, Mlle d'Ette, l'agent Meusnier, l'exempt Julie. Aucun doute possible.

Et Marie-Anne elle-même n'avait probablement nulle hésitation quant à l'auteur responsable de sa disgrâce. Car, à partir de son retour de Villers-Cotterets (ou de Chaillot) elle rompait pour tout de bon avec d'Epinay. Rancune compréhensible, prudence tardive.

(1) BIBL. DE L'ARSENAL, *Archives de la Bastille*, 11.846.

XXII

Rᴇᴛᴀᴘéᴇ, récurée et ravalée à neuf tout ainsi que sa maison, la Deschamps réintégrait son hôtel de la rue du Four le 3o novembre, en retard d'une quinzaine environ sur la date primitivement fixée

La Rivière, le ci-devant valet de pied de Monseigneur d'Orléans, avait quitté la place et remercié le petit Savoyard à vingt sous par jour qui lui faisait ses commissions du dehors. Deux grands laquais nouvellement engagés avaient remplacé l'ancien personnel congédié ; un troisième était attendu sous peu ; une cuisinière et une femme de chambre complétaient l'office.

Bursé, dit Deschamps, qu'on rencontrait depuis peu, promenant sa convalescence pâlotte dans les allées du Palais-Royal, venait, le 7 décembre, dîner en invité chez sa femme, et inaugurer la vaisselle d'argent de Marie-Anne. Désormais, ils en faisaient accord, Deschamps n'habiterait plus avec elle et même il renoncerait au théâtre, s'éloignerait de Paris, dès qu'elle lui aurait obtenu, dans la province, un emploi de huit mille livres, promis par le duc d'Orléans. Deschamps malade, ivrogne et croc, était une inélégance que Marie-Anne préférait biffer de son cortège domestique.

Cependant le public s'obstinait à ne voir qu'une frime dans le prétendu voyage de Villers-Cotterets, et même on se prenait à douter que le prince fût l'auteur de la splendeur que semblait annoncer le train de vie doré de l'actrice. On attribuait ces grandes dépenses au jeune comte de Coubert, noble de fraîche date, mais qui passait pour très riche, quoique son père eût laissé, en mourant, plus de deux cent mille livres de dettes passives (1).

La police, intriguée par le flux d'argent qui montait chez la Deschamps, s'activait, connues les habitudes plutôt serrées du duc d'Orléans, à élucider le problème : qui, du prince ou du comte, alimentait ce luxe ? L'agent Meusnier rapportait, de sa chasse aux cancans, ces deux notes :

LA D^{lle} DESCHAMPS
DANSEUSE A L'OPÉRA

—

RUE DU FOUR
SAINT-HONORÉ

15 novembre 1753. — Ce n'a pas été sans fondement que le bruit a couru que la D^{lle} Deschamps étoit entretenue par le comte de Coubert, puisqu'avant le voïage de Fontainebleau il est venu secrètement chés elle pendant 8 jours et que M. le duc d'Orléans, y étant aussi venu, à son ordinaire, elle lui déclara qu'elle ne pouvoit plus avoir l'honneur de le recevoir sans se faire un tort considérable, dans le dessein où elle étoit de s'attacher uniquement au comte de Coubert qui, moyennant ce sacrifice, offroit de lui assurer 3.000 livres de rentes. A ce propos, on rapporte que le Prince lui répondit : — Eh bien ! je vous en ferai 4.000. Et que, dès le lendemain, il la fit partir

(1) Jacques-Samuel-Olivier, comte de Coubert, né en 1730, était le petit-fils de Samuel Bernard, qui avait obtenu, en 1720, que sa seigneurie de Coubert, en Brie, fût érigée en comté. Son père, Samuel-Jacques Bernard, comte de Coubert, était mort cette année même (1753).

pour Villers-Cotterets, dans la crainte que, pendant qu'il seroit à Fontainebleau, elle ne renouât connoissance avec le comte.

Comme l'infidélité de celui-ci n'a pas absolument transpiré, il en est retourné à la D^lle Mainville, qui, je crois, est à Coubert.

La D^lle Deschamps est encore actuellement à Villers-Cotterets, d'où elle n'est attendue icy qu'à la fin du mois. On assure qu'elle a remercié l'Opéra (1).

LA D^lle DESCHAMPS
DANSEUSE A L'OPÉRA
—
RUE DU FOUR
SAINT-HONORÉ

Du 8 décembre 1753. — Quoi qu'il en soit des propos que l'on tient au sujet des prétendus départ et mariage de la D^lle Deschamps avec M. le comte de Coubert, il est constant qu'ils n'ont eu de relations ensemble que pendant 8 à 10 jours, ainsi qu'il a été dit dans la feuille du 15 novembre dernier, et que tout le tems de son absence, elle est restée à Villers-Cotterets, ou chés un chirurgien, mais toujours à la disposition de M. le duc d'Orléans...

Jeudi dernier, 6 de ce mois, M. le duc d'Orléans est venu chés elle à 10 h. du soir et on a vu des gens de sa livrée à la porte.

Enfin pendant l'absence de la D^lle Deschamps le nommé La Rivière, cy-devant valet de pied du prince, et aujourd'huy l'un de ses valets de chambre, a toujours eu l'œil sur les ouvriers et il n'est sorti de la maison avec sa femme, qu'à l'arrivée de la D^lle Deschamps.

A l'égard du comte de Coubert, on a été chés lui, rue du Bacq ; on le dit actuellement à sa terre de Coubert d'où il est attendu lundi ou mardi prochain.

Tous ces faits ont été constatés scrupuleusement, même jusque dans l'intérieur, puisque la personne qui s'est introduite dans la maison de la D^lle Deschamps nous a rapporté qu'elle a vu hier plusieurs piles d'assiettes et de plats d'argent dans la cuisine, qui venoient d'être desservis ; que la D^lle Deschamps a présentement deux grands laquais et qu'incessamment elle doit en avoir un troisième. On persiste à assurer qu'elle a quitté l'Opéra (2).

(1 et 2) Bibl. de l'Arsenal : *Archives de la Bastille*, 10.236.

Meusnier était mal renseigné ; il jugeait selon les apparences.

Le duc d'Orléans seul, était bien, à ce moment, reçu chez la danseuse au su des voisins. Mais les voisins ne savaient pas tout.

Il était exact qu'elle se préparait à quitter l'Académie de musique. Rebel et Francœur, désespérant de vaincre la malechance qui s'attachait à l'Opéra avaient demandé leur retraite, et bien que leur départ ne dût compter que du 13 décembre, leur successeur Boyer, était installé dans ses fonctions depuis le 2. Soit que le nouvel inspecteur goutât peu le talent absent de Marie-Anne, soit que celle-ci eût demandé à s'en aller, jugeant son avenir suffisamment assuré, son congé de trois mois était transformé en congé définitif à la date du 10 décembre (1).

Aussitôt, ses bonnes camarades de la danse, jalouses à verdir de sa fortune et des grandes allures qu'elle prenait, publiaient partout « qu'elle avait été marquée » et qu'elle repassait les remèdes à domicile. « Si le fait est vray (observait Meusnier), on la traite donc différemment qu'elle ne vient de l'être, car on la voit sortir et vaquer à ses affaires comme auparavant. »

(1) THÉATRE DE L'OPÉRA, *Archives, Etat des appointemens*, etc. 754 (en marge).

XXIII

Dᴀɴs ce concert de méchancetés, la Lesther n'était pas la moindre à tenir sa partie, à clabauder contre Marie-Anne, à ameuter le haro. Depuis que les deux femmes avaient cessé de se voir, la confidente de naguère, littéralement aux abois, vendait ses bijoux pour vivre. Au début de janvier (1754) elle brocantait sa dernière épave, une tabatière d'or, « seul meuble de prix qui lui restoit et qu'elle tenoit des bienfaits du duc d'Orléans » (1). D'où sa rancune, s'exhalant en imputations venimeuses.

Venimeuses, certes ; calomnieuses, pas tout à fait. Point de fumée sans feu. Quelques ratures de vérité transparaissaient sous ces broderies. Manifestement, le duc d'Orléans se retirait de sa maîtresse. On lui avait fait tenir les fameux couplets où les caresses

____

(1) Biʙʟ. ᴅᴇ ʟ'Aʀsᴇɴᴀʟ, *Archives de la Bastille*, 10.241.

de la Deschamps étaient dénoncées homicides. Et, quoique le prince eût d'abord tenu tête, il se prenait maintenant à réfléchir, plus circonspect. Peut-être avait-il des raisons trop faciles à deviner. En tout cas, vers la fin de janvier, il n'avait plus mis le pied chez la Deschamps depuis au moins trois semaines, et elle en était inconsolable, disait-on.

Comme un accident ne vient jamais seul, on ajoutait que, mal guérie, elle avait été obligée de se replonger dans les remèdes ; que le mercure avait causé chez elle de grands désordres ; qu'elle avait la tête d'une grosseur énorme ; que plusieurs dents lui étaient tombées et qu'elle serait fort heureuse si elle n'y perdait qu'un œil. La Deschamps borgne et brèche-dent ! Quelle revanche pour les laides du corps de ballet !

Certains chercheurs de merveilleux allaient encore plus loin. Ils répandaient que la duchesse d'Orléans, scandalisée de ce que son époux eût réformé dix à douze de ses officiers, retranché plus de soixante de ses chevaux et licencié vingt à trente domestiques, pour fournir aux prodigalités de la Deschamps, avait bien pu chercher quelque moyen de se défaire de cette fille par le ministère du chirurgien qui la soignait.

Ces insinuations perfides prenaient assez de corps pour que Meusnier se crût en devoir de les indiquer à ses chefs et même de les réfuter :

« ... Indépendamment qu'elle [la princesse] est incapable d'une action aussi noire, il est plus probable de croire que la demoiselle Deschamps, ne s'étant pas trouvée radicalement guérie, lorsqu'elle est revenue chés elle, le prince en a pu ressentir les effets, et pour cette raison la quitter.

« A l'égard des accidens survenus à la santé de la demoiselle Deschamps, durant cette seconde opération, il ne faut pas aller si loin en chercher la cause ; le mercure seul, lorsqu'il n'est point châtié, soit par la dose, soit par la préparation, peut parfaitement les occasionner » (1).

D'aucuns enfin, c'étaient les plus modérés, assuraient que le duc d'Orléans n'avait délaissé Marie-Anne et diminué sa maison que pour se remettre d'une grosse perte, trois cent mille livres fondues au jeu du Roi dans les premiers jours de l'an. Car, malgré la pingrerie notoire du prince, c'était encore à ses dons qu'ils attribuaient les richesses de la Deschamps ; ils citaient hardiment les chiffres : trois mille livres de rente et pour plus de quarante mille livres de meubles et de parures.

Mais, au mois de février, on apprenait que Philippe d'Orléans avait rompu avec la danseuse, d'abord parce qu'elle avait « placé chez lui ce qu'elle avait de comptant », à savoir son mal contagieux, ensuite et surtout parce qu'elle n'avait pas tenu les engagements pris, et n'avait cessé, depuis son retour, de voir le comte de Coubert.

LA D^{lle} DESCHAMPS
DANSEUSE A L'OPÉRA
—
RUE DU FOUR
SAINT-HONORÉ

Du 6 février 1754. — On assure que la demoiselle Deschamps a donné la chaudep... au comte de Coubert, en reconnaissance des biens qu'il lui a faits ; car l'on prétend que les 2.000 ou 3.000 livres de rente dont est question, proviennent de l'argent qu'elle a tiré de lui, et nullement du Prince. Trop bien cependant qu'elle a placé ce qu'elle avoit de comptant chez M. le duc d'Orléans.

Il en est presque de même des dépenses qu'elle a faites chés elle, lesquelles roulent encore pour la majeure partie sur le compte de M. de Coubert, lequel venoit coucher avec elle dès que le Prince en étoit sorti.

Pendant tout le tems que cette intrigue a subsisté, la demoiselle Mainville, maîtresse du comte, est restée à sa terre de Coubert (2).

C'est que le jeune Coubert n'était point, même

(1) BIBL. DE L'ARSENAL, *Archives de la Bastille*, 10.236.
(2) BIBL. DE L'ARSENAL, *Archives de la Bastille*, 10.236.

en 1754, une proie à dédaigner. Encore mineur quand
son père était mort, en juillet de l'an passé, le petit-
fils de Samuel Bernard ne devait régulièrement entrer
en possession d'hoirie qu'au mois de mars 1755 ; mais
il avait formulé, contre ses sœurs, cohéritières, une
demande tendant à ce que la substitution graduelle
masculine de la terre de Coubert, de ses dépendances
et des meubles y étant, substitution portée aux testa-
ment et codicille, fût déclarée ouverte à son profit, à
compter du même jour pour les deux portions. A sup-
poser qu'il fût débouté, Marie-Anne savait que, le jour
de sa majorité, il aurait environ deux millions six
cent mille livres à partager.

Ainsi, tout en mitonnant le duc d'Orléans, patron
puissant, tout en protestant qu'elle lui sacrifiait Coubert, la rouée avait joué double jeu, faisant peut-être
au comte mêmes protestations, afin de puiser à l'un et
l'autre sac.

Des deux cordes qu'elle avait à son arc, la première
était cassée, mais la seconde pouvait être solide.
Marie-Anne se sentait en trop mauvais renom auprès
de saint Côme pour chercher ailleurs, au moins d'ici
quelque temps. Il était nécessaire de retenir Coubert,
de le brider. Après une brouille de quelques semaines, suite probable de la friandise dont elle l'avait
gratifié, la Deschamps réussissait, vers la mi-avril, à
reprendre le comte en ses filets ; elle ne le lâchait plus.
Et, comme dérivatif à son activité de femme remuante,
comme apaisement à son appétit d'argent toujours
aiguisé, elle ouvrait un petit bureau d'usure, trafiquait
sur billets et prêtait sur gages à gros intérêts.

Une note de police du 12 août 1754 constatait, à ce
jour, la fidélité et la prospérité de Marie-Anne : « Les
demoiselles Deschamps et Pelissier sont, à proprement parler, pour le présent, les deux plus brillantes
catins de Paris. Avec cette différence que la demoiselle Pelissier donne beaucoup dans l'étranger, au
lieu que la demoiselle Deschamps paroît uniquement
s'en tenir au comte de Coubert ».

XXIV

L^a Deschamps louait, dans le village de Pantin, une petite maison de campagne où elle aimait à passer les journées chaudes de l'été. M. de Coubert ayant promis de lui acheter cette maison pour ses étrennes, elle disait en confidence à une amie qu'elle saurait se contraindre et supporterait son amant jusque-là ; après quoi, elle lui chercherait une querelle d'Allemand et le congédierait, parce qu'elle ne l'aimait pas.

D'ailleurs Marie-Anne touchait ou croyait toucher au but. Elle allait danser devant le Roi. Ses politesses à Laval, le maître des ballets de la Cour, avaient porté fruit.

On faisait de grands préparatifs pour les fêtes de Fontainebleau. Au lieu de la morne tragédie des comédiens français, qui, d'ordinaire, accompagnaient le Roi dans ce déplacement d'automne, Mme de Pompadour, qui ne savait plus qu'inventer pour amuser Louis XV, blasé de tout, ennuyé partout, avait ima-

giné des représentations d'opéras et de ballets, auxquelles on consacrait des sommes, près d'un million
de livres.

Et la Deschamps était de la fête. Bien qu'elle fût
rayée des contrôles de l'Académie de musique, Laval
obtenait pour elle de M. le duc d'Aumont, premier
gentilhomme de la Chambre, et de M. Blondel de
Gagny, intendant des Menus alors en exercice et
ordonnateur des spectacles, un ordre de jouer.

Elle ferait : une Bergère, dans *La Naissance d'Osiris*, ballet de Cahusac, musique de Rameau ; une Jardinière, au prologue, et une Bergère, aux 1er et 3^e
actes, dans *Daphnis et Alcimadure*, pastorale languedocienne de Mondonville, dont la Cour aurait la primeur ; une Bergère, dans *Thésée*, tragédie de Quinault, musique de Lulli, ballet composé par Laval ;
une Grecque, dans *Thétis et Pelée*, opéra de Fontenelle, musique de Colasse ; un Matelot et une Bergère, dans *Alceste ou le Triomphe d'Alcide*, tragédie
de Quinault, musique de Lulli (1). Bref, elle aurait un
rôle, parfois deux, dans toutes les pièces ou fragments
représentés. Et ce serait vraiment du malheur si Louis
le Bien-Aimé ne la distinguait pas au milieu du
bataillon des figurantes.

Avec cela des costumes à ravir et seyant au mieux
à sa beauté de brune grassouillette.

La Bergère d'*Alceste* ? Corset et jupe de taffetas
jaune ; draperies et volants de taffetas bleu imprimé
argent ; bouffettes de gaze et réseau argent, garnies
de fleurs et chenilles bleues.

La Bergère de *Thésée* ? Corset et jupe de toile blanche tamponnés de gaze brochée, à fleurs de différentes
couleurs ; draperies de toile rose couverte de gaze
brochée, garnies de gaze à carreaux, agrafées par des
guirlandes de fleurs et ornées de nœuds et découpures
roses.

(1) *Festes de Fontainebleau*, 1754, in-4 (Bibl. Nat., Yf. 918-
923).

La Bergère de *Daphnis et Alcimadure* ? Jupe et manches de taffetas vert, tamponnées, recouvertes de gaze à la Reine brochée, à fleurs roses ; ornées par le bas de moulinets verts ; petits volants de taffetas rose ornés de découpures vertes.

Et l'habit de Matelot d'*Alceste*, une merveille ! Jupe et draperie en forme de trousse de brasseur, le tout de taffetas blanc, imprimé argent ; les jupes ornées de trois roues de rubans violets et deux roues sur les draperies ; retroussis et bracelets de taffetas jaune imprimé argent ; le tout garni de milleret et réseau argent (1).

Or, les fêtes se passaient, les ballets étaient dansés, les lampions étaient soufflés ; la déclaration royale ne venait point. La Deschamps rentrait de Fontainebleau, inconnue de Sa Majesté.

Et, le comte de Coubert ayant observé sa promesse en donnant à Marie-Anne, au jour de l'an, la maison de Pantin, achetée par lui vingt mille livres, Marie-Anne changeait ses batteries, se déterminait à conserver Coubert le plus longtemps possible, c'est-à-dire tant qu'elle n'aurait pas mieux...

(1) Bibl. Nationale, *Manuscrits français*, 14.122.

XXV

A partir de 1755, Marie-Anne, dans le monde du théâtre cessait d'être : la demoiselle Deschamps tout court. Elle devenait Deschamps l'aînée, par l'entrée en scène de sa sœur cadette, la petite Pagès, la victime du bouillant laquais Lajeunesse.

Après l'aventure où Bursé dit Deschamps s'était affirmé le vengeur si décidé des bonnes mœurs, la jeune Pagès s'était retirée chez sa mère, au faubourg Saint-Laurent, où Deschamps lui-même habitait.

Par le crédit de son beau-frère, elle avait été engagée à l'Opéra-Comique pour danser et chanter.

Quoique la gamine eût à peine quatorze ans, qu'elle fût grêlée et peu jolie, comme elle était tolérablement tournée dans sa taille exiguë, ses appâts naissants avaient vite trouvé marchand. En octobre 1754, elle fuyait la demeure maternelle et prenait appartement rue de Bourbon, à la Villeneuve, dans la maison d'un chaudronnier : tout le premier étage, le devant et le derrière, qu'elle partageait avec une autre actrice de l'Opéra-Comique, la demoiselle Devilliers. Le loyer était pour M. Boutin de Colmières, maître des requêtes (demeurant rue de Richelieu, près de l'hôtel Menars) qui finançait de quatre cents livres par mois. Presque tous les jours, à midi, les voisins voyaient déboucher son équipage, qui allait ensuite se ranger deux ou trois rues plus loin. D'autres fois il venait à pied, sans suite, les cheveux en bourse, l'épée au flanc, enveloppé dans une redingote.

Amours passagères. M. Boutin était, tôt après, supplanté par un collègue, M. Le Pelletier de la Houssaye, également maître des requêtes.

Enfin, au mois de janvier 1755, la Pagès décrochait un ordre de début à l'Opéra, avec promesse d'engagement à Pâques, si elle plaisait. Et, le 4 février, elle faisait ses premiers pas sur les planches de l'Académie royale de musique, en même temps que les demoiselles Fleury et Dumirey.

Son âge, sa gentillesse, les espérances de talent que donnaient ses grâces timides, le souvenir de sa sœur, peut-être, de qui la renommée galante planait comme une gloire sur les ronds de jambe et les entrechats de la débutante, tout cela disposait favorablement le parterre, et « la demoiselle Deschamps cadette, dite Pagès », n'ayant pas été sifflée, était inscrite sur les états de la danse, à titre définitif, comme figurante et double, sans appointements.

Marie-Anne, par les relations d'amitié qu'elle avait gardées avec Lany, devait être pour quelque chose dans l'engagement de la petite. En grande sœur attentive, elle voulait faire plus encore et garer cette jeunesse des entreprises des hommes.

Vers le milieu de mars, M. de la Houssaye, ayant limé ses chaînes, convolait avec la demoiselle Gallodier l'aînée, une danseuse du Magasin, qui espérait débuter sous peu et à qui Lany donnait tous ses soins. Deschamps cadette se trouvait ainsi sans emploi de son corps. Pour revernir sa vertu écaillée, elle retour-

nait chez sa mère. Et, presque aussitôt, les ogres
de coulisses se posaient candidats à cette chair fraîche, ou paraissant telle. En tête, M. Brissart, fermier
général.

Ce Brissart était fils d'un méchant petit prévôt de la
juridiction de Poissy, qui ne serait jamais monté plus
haut si le hasard n'eût placé un abbé de sa famille
auprès du cardinal Fleury, en qualité d'intendant.
Par la faveur du cardinal-ministre, le prévôt Brissart
s'était vu intéressé dans la sous-ferme des Aides de la
généralité de Paris, puis dans le traité de la vente sur
les ports, quais, halles, places et marchés de la capitale. Il y avait gagné la forte somme, encore accrue
par la fourniture des lits d'hôpitaux pour les armées
et par l'entreprise des vivres d'Italie, en 1733. Après
quoi, il avait été nommé fermier général, avec la survivance pour son fils. Rapace, ainsi que beaucoup de
parvenus de la finance, il faisait mince figure à Paris
où il était peu considéré de ses collègues et réservait
sa chétive dépense à l'embellissement de la seigneurie
de Triel, dont il avait fait l'acquisition depuis qu'il
était en place.

Brissart le fils, né riche, poli par le contact du
monde et façonné très exactement, différait, en cela
du moins, de son vieux rustre de père, demeuré brutal
et raboteux comme aux jours de sa prévôté. Mais, s'il
était plus aimable, il n'était guère plus large, et, pour
l'avarice, chassait de race. Tout de même, il aspirait à
faire le beau fils et l'agréable, à paraître, à marquiser ;
il voulait passer pour un homme irrésistible et, sans
trop décaisser, avoir, comme tant d'autres de sa condition, une fille d'Opéra à ses gages. Il avait quitté
récemment la demoiselle Grenier, à la suite d'une
petite mésaventure qui ne s'était point éventée, mais
que pourtant Meusnier avait fidèlement relevée sur
son carnet.

10 décembre 1754. — M. Brissart qui avoit Grenier, le 4
de ce mois, accompagné de M. Fontaines, fermier général,
son beau-frère, fut trouver Lany dans sa loge, à dessein de

le morigéner. Et pour colorier sa démarche, il se servit du prétexte vague qu'il avoit tenu des mauvais propos sur le compte de son épouse. Lany qui s'habilloit pour aller à son devoir, les pria de vouloir bien remettre, après l'opéra, ce qu'ils avoient à lui dire. Ces messieurs y consentirent et furent exacts au rendés-vous. Dès que Lany parut, M. Brissart prenant le ton et le geste imposants, ce qui, par parenthèse, lui sied assez mal, le menaça de la main de le faire corriger si jamais il lui arrivoit de s'entretenir bien ou mal de Mme Brissart.

Lany se sentant fort sur son palier, la conscience nette d'ailleurs sur ce qu'on lui imputoit, trancha du brave à quatre poils et répondit vivement à M. Brissart qu'il ignoroit jusqu'à l'existence de Madame son épouse, qu'on lui en avoit imposé lorsqu'on lui avoit rapporté qu'il s'étoit entretenu d'elle, à tel titre que ce pût être, et que, si cette déclaration autentique n'étoit pas suffisante pour l'engager à changer de ton et de gestes, il y sçavoit un autre moyen. Sur-le-champ Lany, qui n'a pas absolument les mains gourdes, le saisit au collet et lui demanda, en le remuant un peu, de quel droit il venoit, lui deuxième, l'insulter dans sa loge où il pouvoit, sans coup férir, les faire arrêter dans le moment. En effet, dans le premier mouvement, il fit dire au sergent de s'y transporter avec deux fusilliers ; mais ces messieurs voyant que l'affaire s'engageoit, baissèrent le ton, de façon que quand le sergent se présenta à la porte de la loge, avec son escorte, Lany vint lui dire qu'il avoit cru avoir besoin de son ministère, que maintenant il n'en étoit plus question, et qu'il le remercioit bien.

Le sergent se retira et n'en sçut pas davantage. Mais Lany profitant de celui qu'il venoit de remporter, dit à M. Brissart que lorsqu'il l'attaqueroit en place marchande, il étoit homme à lui faire face et à le corriger lui-même, tout fermier général qu'il étoit, lorsqu'il lui susciteroit une mauvaise querelle.

La fin de cette aventure ressembla à la montagne qui accouche d'une souris. Par la médiation de M. Fontaines, Lany se calma et promit non seulement de ne plus songer à ce qui venoit de se passer, mais encore d'en garder le secret.

C'est à cette condition qu'il me l'a confié (1).

Quels dessous à cette mauvaise dispute ? Ceux-ci :

(1) Bibl. de l'Arsenal, *Archives de la Bastille*, 10.236.

la demoiselle Grenier, bête en cramoisi, mais une des plus belles filles de l'Opéra, après avoir été la maîtresse de M. de Courtenvaux qui lui avait constitué deux mille livres de rentes, vivait maintenant maritalement avec Lany, logée dans la maison de sa mère, rue de Richelieu. Brissart, amant payant de la Grenier, s'était offusqué de ce ménage à la détrempe. Au fond, il en voulait surtout à Lany d'aider la danseuse à manger ses rentes. Et, comme il ne pouvait pas dire en face au maître des ballets les vrais griefs qu'il nourrissait contre lui, il avait pris ce détour de médisances imaginaires sur Mme Brissart.

L'effet de cette démarche d'intimidation, si mal accueillie, avait été la rupture de Brissart avec la demoiselle Grenier. Veuf de ce côté, le fermier général était en quête d'une liaison à bon marché, quand la petite Pagès paraissait à l'Opéra. Il se mettait aussitôt en avant.

Mais Deschamps l'aînée veillait. M. Brissart n'était admis à faire sa cour qu'en présence de Marie-Anne et chez elle. Fin avril, le Crésus barguigneur, pas beaucoup plus avancé dans ses amours que fin mars, en était encore aux préliminaires, aux promesses verbales : un appartement meublé et cent pistoles par mois.

Quoique M. Brissart ignorât tout du passé de la fillette et fût très allumé par la persuasion qu'il en aurait les gants, on doutait à l'Opéra que le traité projeté reçût son exécution. Parce que le financier était réputé aussi prodigue de gentillesses gratuites et de baisemains pas chers, que chiche quant à la bourse. Et parce que la jeune Pagès, chez qui la vocation devançait les années, était (surtout guidée par sa sœur) trop fine pour tomber dans le panneau.

XXVI

Peut-être Marie-Anne ne défendait-elle si opiniâtrement la vertu de sa cadette contre les attaques de Brissart que pour mieux engluer le financier dans ses propres lacs. Elle avait déjà des vues sur le personnage, puisqu'elle se préparait à quitter le comte de Coubert en lui cherchant cette querelle d'Allemand qui n'avait été que différée.

A tout événement, elle travaillait en sous-main à rentrer à l'Opéra. Boyer, le directeur qui l'avait remerciée, était mort presque subitement, au commencement de cette année 1755, et, depuis le 9 avril que Bontemps et Levasseur avaient pris la gérance de l'Académie de musique, Lany avait recouvré son omnipotence sur le personnel dansant. De lui seul dépendaient les engagements et Lany n'était pas incorruptible. L'offre délicate d'une tabatière d'or, sur laquelle Marie-Anne avait fait sertir son portrait entouré de diamants et qui contenait cinquante louis (pour

acheter du tabac), levait tous les obstacles qu'auraient
pu susciter les règlements de la maison (1). Dès les
premiers jours de septembre, la rentrée de Marie-
Anne était décidée pour la fin du mois dans *Deucalion
et Pyrrha*, ballet de Saint-Foix, déjà mis en répétitions.

Il n'était plus question que de se débarrasser de
Coubert dont on avait assez. Justement le comte était
en retard de cent pistoles sur la pension du mois
d'août ; bon prétexte. La Deschamps réclamait son dû
sur le ton de la plaisanterie aigre-douce. Coubert,
qui se laissait d'habitude saigner à blanc de la meilleure grâce, trouvait la plaisanterie mauvaise et la
réclamation insultante. Des explications un peu franches étaient échangées et l'amant, piqué au vif, prenait la porte, annonçant qu'il ne reviendrait plus.

Quelques jours plus tard, il adressait à Marie-Anne
les cent pistoles, objet de la contestation, accompa-
gnées d'une lettre de congé définitive, pour lui signifier qu'elle n'était plus sur l'état de ses dépenses, à
compter du premier septembre.

La Deschamps, sa liberté reconquise, faisait dans
les coulisses de l'Opéra une réapparition sensation-

(1) Ce Lany paraît avoir été grand collectionneur de tabatiè-
res, à en juger d'après le rapport de l'agent Meusnier, daté du
15 décembre 1754 : « On a bien dit dans la feuille du 15 octobre que la demoiselle Chaumart avoit été révoquée de l'Opéra
le 7 septembre et qu'elle y étoit rentrée environ trois semaines
après par le crédit du sieur Lany qui avoit fait prononcer sa
révocation. Mais on a omis de faire mention d'une certaine tabatière d'or d'un poids honnète, promise en faveurde sa médiation,
et il y a lieu de croire que cette clause fut réputée de rigueur,
puisque la demoiselle Chaumart voulant s'acquitter envers Lany
lui en envoya une qu'il a refusée net, sur le fondement qu'elle
n'étoit ni neuve ni du poids convenu. En sorte que, malgré
l'union qui paroît régner encore entre eux, on s'attend à une
nouvelle querelle de la part de Lany, si la demoiselle Chaumart
ne réalise pas sa promesse incessamment. Cette boëte est destinée pour la demoiselle Grenier et il lui tarde beaucoup de ne la
pas tenir. » (ARSENAL, *Archives de la Bastille*, 10.235).

7

nelle ; toute couverte de bijoux, parée comme une
châsse, pour plus de cent mille livres de diamants,
jusqu'à des boucles de souliers évaluées à vingt mille
au moins. Elle annonçait à ces demoiselles son retour
au bercail, affirmait (faussement) que Lany lui faisait
continuer les appointements qu'elle avait à son départ
et, pour bien marquer la distinction dont elle jouissait,
prenait aussitôt possession de la loge où s'habillait
d'ordinaire Mlle Sauvage, et qu'on ôtait à celle-ci pour
la donner à la revenante. Les bonnes amies s'émer-
veillaient que, riche comme elle était, elle songeât à
reprendre le collier de misère ; elle leur ripostait
qu'elle avait ses raisons pour agir ainsi, et que, seule,
elle connaissait le fond de ses affaires.

En effet, si la Deschamps possédait un mobilier prin-
cier dont un seul cabinet chinois avait coûté trente
mille livres ; si sa vaisselle d'argent en valait plus de
cinquante mille ; si, malgré la retraite du comte de
Coubert, elle avait conservé le carrosse qui l'attendait,
chaque soir, dans la cour du Palais-Royal, on estimait
à cent mille écus au moins ses dettes sur le marché de
Paris. Redevenir pensionnaire du Roi, reprendre pied
à l'Opéra, était encore le meilleur moyen de faire
front à ses créanciers.

Pour l'instant, elle savourait orgueilleusement sa
supériorité pécuniaire, réelle ou factice, levait la crête,
étalait son opulence, écrasant les autres danseuses
par la comparaison. Dans cette maison où naguère on
l'avait connue minable, courant les petits-soupers et
vendant ses nuitées pour quelques louis, elle faisait
tinter ses écus, affichait des airs de reine. A l'une des
dernières répétitions de *Deucalion*, le jeudi 25 septembre, comme le prévôt des marchands, qui se trouvait là par hasard, se montrait curieux de voir une
bonbonnière d'or d'un travail exquis, qu'elle tirait
négligemment de sa poche; comme il lui rendait la
boîte, avec force éloges : « — Eh ! quoi, Monsieur,
vous trouvez cela beau ! s'écriait la Deschamps, hu-
miliée presque du compliment. Vraiment, ce n'est

qu'une misère... ». Une misère de cinq mille livres !

Et pour que l'on apprît mieux encore que par ses propos combien l'argent lui coûtait peu, elle faisait rouler bientôt un carrosse tout neuf, plus brillant encore que l'ancien ; un carrosse quasi-royal, à sept panneaux en glaces, garni de velours blanc, galonné or, dont Paris s'entretenait presque autant que du procès de Mandrin ou de la Lescombat ; un carrosse qui exaltait la verve des poètes et inspirait au sieur de Conante, amant de la demoiselle Dubois, de l'Opéra, ce quatrain méchant, ce méchant quatrain :

> A quoi sert tant d'étalage,
> Deschamps, et tes airs hautains ?...
> On sait que ton équipage
> Est traîné par des poulains (1).

On ne prêtait point d'amant nouveau à Marie-Anne ; d'amant riche, s'entend. On prétendait, au mois d'octobre, que le duc d'Orléans avait depuis quelques semaines repris ses visites nocturnes, qu'il gagnait à pied la rue du Four, vers onze heures ou minuit, laissant sa voiture à l'écart, et qu'il restait jusqu'au matin. Mais rien n'était moins certain que ces mystérieuses escapades du prince.

Ostensiblement, la Deschamps, ne faisait chambrée qu'avec Lany, devenu confident de chaque jour, amant de chaque nuit. Lany, malgré la quarantaine proche, était resté, avec sa taille massive et ses larges épaules qui l'avaient toujours confiné dans l'emploi des « pâtres » de théâtre, un aimeur solide et trapu. Nulle passion, d'ailleurs, en cette camaraderie charnelle. Et, sans jalousie, Marie-Anne s'employait pour une petite fille à laquelle le maître des ballets voulait du bien, la jeune Danville, danseuse au Magasin, qui, après avoir été pensionnaire de la Beaudouin, appareilleuse en renom, cherchait une situation stable. Le marquis

______

(1) BIBL. DE L'ARSENAL, *Archives de la Bastille*, 10.236.

d'Estrehaux, lieutenant général, lui offrait vingt-cinq
louis par mois, mais elle le trouvait trop vieux et trop
dégoûtant. La Deschamps, par relations, lui procurait la connaissance d'un sieur Baron, notaire, rue
Coq-Héron. Pour sceller les accordailles, on allait
souper et coucher à quatre, dans une petite-maison
de Neuilly où Lany avait la faculté de mener ses con-
quêtes et ses amis.

<h1 style="text-align:center">XXVII</h1>

CHANGEANTE en ses caprices, Marie-Anne, surtout, se lassait vite de mener campagne à ses dépens ; et Lany n'était pas un amant de rapport. L'hiver allait venir, il fallait prendre ses quartiers, penser au sérieux.

Une affaire assez avantageuse se présentait alors à la Deschamps : le marquis de Benonville, guidon de gendarmerie, célibataire, vingt-cinq ans, Normand d'origine ; ses père et mère vivaient ordinairement à Caen et ne venaient que de loin en loin à Paris ; sa maison, rue des Saints-Pères, vis-à-vis la rue de Bourbon, était montée sur le grand ton ; il avait plusieurs chevaux, des domestiques, un suisse ; il déboursait beaucoup ; renseignements pris, on calculait qu'à la mort de ses parents, il aurait soixante mille livres de rente. C'était l'homme à prendre et à garder.

Malheureusement, ce M. de Benonville émettait des prétentions chimériques. Il exigeait une maîtresse fidèle. Et, comme il était ombrageux et prompt, il la voulait sédentaire et qu'elle ne courût pas l'aiguillette. Marie-Anne, complaisante, se prêtait huit jours à cette épreuve insoutenable. Mais la captivité lui pesait trop. Un soir qu'elle se proposait d'aller en ville, le marquis s'étant permis de faire, d'autorité, dételer le carrosse, tant de tyrannie déchaînait l'orage. Une scène âpre, sans raccommodement ; une épître insolente ; l'amant rompait la paille.

Immédiatement après, la Deschamps brusquait un coup de cent louis qui donnait prise à la polémique, entre ses amis et ses adversaires.

Un jeune homme de robe — racontaient les malveillants sans pouvoir citer le nom — ayant su la place vacante, s'était produit rue du Four : cent louis de première mise et, par mois, cinquante louis ; ces conditions avaient, tout de suite, persuadé la danseuse et il ne restait qu'à consigner les cent louis d'épingles, les honoraires souffrant quelque délai. Mais le postulant ne s'était en première visite précautionné ni sur l'un ni sur l'autre article ; la conclusion du pacte était différée, et, jusqu'au lendemain, toutes faveurs suspendues On allait se quitter bons amis, quand la Deschamps, avisant la montre du robin, demandait à la voir, l'expertisait, d'un coup d'œil, loyale et marchande, et la retenait contre promesse de revenir. Le lendemain, le gentilhomme envoyait réclamer le bijou ; Marie-Anne expliquait que, dans le besoin de cent louis, et tablant sur le contrat intervenu, elle avait pour pareille somme engagé l'oignon ; qu'elle ne connaissait, pour le ravoir, rien de plus expédient que l'exécution des clauses arrêtées. Le malheureux sentait assez qu'il avait donné dans une embuscade et qu'il chercherait inutilement à composer. Il faisait porter cent louis et recouvrait sa montre.

Les partisans de la Deschamps arrangeaient l'histoire de façon très différente : question d'amour-propre et non d'intérêt ; que pesaient deux cents pistoles pour qui remuait l'or au boisseau ? Au vrai, un jeune godelureau s'était vanté de se faire aimer gratis de la danseuse ; prévenue, elle avait décidé de lui faire voir son béjaune et que, pour la prendre au nid, il ne s'était pas levé assez matin. Le quidam introduit, Marie-Anne, durant qu'il rendait son compliment, feignait de prendre pour argent monnayé toutes les promesses, tous les fagots qu'il débitait. On soupait. A l'heure du lit, la Deschamps assurait encore à cette espèce d'écornifleur qu'elle le croyait de bonne foi et de parole. Vingt protestations, dix serments ; le personnage était déjà sous les courtines. Marie-Anne, alors, aveignait une montre qu'elle avait aperçue dès le potage et, d'un ton enjoué, disait au cadet que, persuadée de son exactitude, elle prenait un gage des cent louis ; qu'il ne le saurait trouver mauvais, si pur était le fond de son cœur ! Par bravoure, l'olibrius, espérant inventer avant l'aube quelque nouvelle rubrique, préférait soutenir la gageure ; entre temps Marie-Anne s'acquittait. Toutefois, elle n'acceptait en paiement ni parole, ni billet L'argent compté, elle rendait le nantissement.

Quoique l'historiette eût fait tapage à l'Opéra, on ignorait quelque temps le vrai nom du héros. Une vague homophonie faisait désigner d'abord un fils de l'intendant de Soissons, M. de Melian. Mais celui-ci n'avait qu'une fillette de six ans. A certains indices d'âge, d'aspect physique, de circonstances, on aurait dû reconnaître M. Pelletier de Morfontaine, maître des requêtes à vingt-quatre ans, fils d'un conseiller d'honneur à la Grand' Chambre, ci-devant président à la deuxième des Enquêtes, M. Pelletier de Montmeillant. Marie-Anne, en effet, n'avait point caché que son jeune robin traînait singulièrement de la jambe, et, sans être précisément marqué au B, avait l'épaule droite plus ambitieuse que l'autre. Tout concordait.

XXVIII

L^E 1er janvier 1756, à la répétition, une vive fermen-
tation agitait le Tripot lyrique. Les étrennes n'y
étaient pour rien. Seuls étaient en discussion l'honneur du corps (le corps de ballet), et le bien de la
cause commune.

Dans les coins, dans les embrasures, on se chu-
chotait à l'oreille que, la veille au soir, la jeune Pagès
avait été appréhendée chez sa sœur, d'ordre du Roi,
à la sollicitation du duc d'Orléans, et qu'elle avait
été menée dans un couvent, à moins que ce ne fût à
Sainte-Pélagie, peut-être même à l'Hôpital. Cette dernière version, bien que la plus injurieuse, était celle
qui s'accréditait le mieux à cause de l'anecdote dont
les satirisants pimentaient le récit de l'arrestation.

Quelques jours auparavant, disaient-ils, un Monsieur avait surgi chez Deschamps l'aînée, pour se plaindre de ce que sa cadette infectait tout Paris ; à quoi il
était urgent de remédier et de l'isoler au plus vite.

Marie-Anne, compâtissant à des griefs si légitimes, aurait répondu, de l'abondance du cœur : « — Vraiment, Monsieur, vous avez bien raison, il n'y a pas de temps à perdre, cela pourrait me revenir. »

Que le mot fût réel ou forgé, un fait patent était la disparition de Pagès. Alors que devenaient les privilèges de l'Opéra ? Que valait le titre envié de pensionnaire du Roi si une danseuse en exercice pouvait être escamotée par la police, sur la plainte du premier venu, pour une histoire de mœurs, pour des motifs étrangers au service ? Or, la petite ballerine ne donnait que de la satisfaction au public et ses directeurs projetaient de lui accorder de l'avancement : la onzième place vacante de surnuméraire, avec trois cents livres l'an, à courir de mai prochain.

Le prévôt des marchands, informé de l'incident par Bontemps et Levasseur, refusait de se mêler de rien et l'on attribuait cette réserve à sa crainte de heurter, pot de terre, la puissance du duc d'Orléans. Quant à Deschamps l'aînée, impossible de rien tirer d'elle ; sans perdre temps, elle s'était emparée des quelques meubles que sa sœur avait délaissés dans son galetas de la rue Montmartre ; tout le reste, elle l'ignorait, incapable même de dire si l'absente était dans un couvent ou dans une chirurgie.

Le mardi 6 janvier, à la surprise générale, Pagès ressuscitant venait danser le quatrième acte de *Roland*. Mais, sur son aventure, elle restait bouche cousue, et Marie-Anne la remmenait, qui ne l'avait point perdue de vue une seule minute et sans doute l'avait endoctrinée. Le lendemain, Deschamps cadette obtenait un congé de trois mois.

Une indiscrétion de ce gros bavard de Lany découvrait bientôt le pot-aux-roses : l'enlèvement de Pagès n'était qu'un faux-semblant, une comédie concertée entre elle et le couple Deschamps pour l'arrangement de ses affaires, sans le moindre secours de l'autorité. Deschamps cadette avait cinq à six mille livres de dettes criardes qu'avait promis de liquider un ama-

teur dont on taisait le nom (1). Pour qu'il liquidât à
meilleur compte, on avait caché la fillette quelques
jours, au faubourg Saint-Laurent, et, de la conjec-
ture qu'elle venait d'être bouclée par ordre supérieur,
on avait tiré parti et transigé avec les créanciers aux
conditions les plus douces. Ces créanciers auraient
flairé la supercherie, s'ils avaient vu la petite danseuse à l'Opéra ; d'où la nécessité du congé qui l'écar-
tait pour trois mois de la scène.

(1) C'était M. Thiroux de Montregard, l'ancien amant de la
camuse demoiselle Beaufort (Voir chap. VIII). La figure « doguine » de Pagès était dans le même ordre de beauté.

XXIX

Rɪᴄᴏᴄʜᴇᴛs bizarres de la vie : pour avoir, par une impulsion de sa vivacité naturelle, botté les fesses d'une femme de procureur, M. Séguier, avocat général au Parlement de Paris, deviendrait l'amant de Mlle Deschamps l'aînée.

Antoine-Louis Séguier, petit-neveu du fameux chancelier, avait depuis longtemps pour maîtresse Jeanne Vaubertrand, femme galante. Point jolie, autant dire laide, brune, et de taille courte. Mais elle se piquait toujours d'être mise sur le bel air. Sa morgue mal placée se doublait d'un caractère hargneux. Elle logeait rue de Montmorency dans la maison du sieur Roger, procureur au Châtelet : le procureur et sa femme au premier étage ; la Vaubertrand, au second. Depuis longtemps elle était avec ses voisins sur le pied d'une paix fourrée. La guerre éclatait, pour une bisbille, à propos d'un tas d'ordures.

Il a déjà été fait mention (dit un rapport de police) des démêlés de cette fille [la Vaubertrand] avec le sieur Roger, procureur au Châtelet et avec la dame, son épouse, chez lesquels elle demeure depuis près de trois ans, sans que ceux-cy qui se voyoient volés (le domestique de la demoiselle fut surpris dans la cave du sieur Roger emportant son vin) et malmenés, ayent pu jusqu'icy parvenir à l'expulser, parce qu'elle est sous la protection de M. Séguier. Il y a donc environ un mois que la dame Roger se plaignoit à la Vaubertrand de ce qu'elle faisoit descendre du second par sa servante les ordures de son appartement pour les déposer à la porte. Vaubertrand nia le fait ; la femme du procureur s'en tint là, faute de preuves ; mais voyant journellement augmenter le volume, elle fit épier par sa servante celle de la Vaubertrand qu'elle prit sur le fait. Alors, sans perdre de tems en propos inutiles, elles s'empoignèrent. Au bruit qu'elles faisoient, la Vaubertrand parut sur son quarré, le procureur et sa femme en firent autant et chacun dégoisa. La Vaubertrand traita le procureur de voleur et sa femme de putain. La dame Roger riposta ; l'affaire devint si vive que la Vaubertrand prit une bûche qu'elle jeta du second étage au premier dans le dessein d'attraper la dame Roger, mais elle la manqua ; elle en fut chercher une seconde qu'elle lança pareillement et de laquelle elle faillit tuer la petite fille du procureur Le calme succéde aux plus grandes tempêtes. Une heure après, M. Séguier arriva. La Vaubertrand lui ayant visiblement exagéré les choses, il descendit comme un furieux chez le procureur et trouvant d'abord sa femme, il la salua de quelques coups de pied au derrière et d'une paire de soufflets ; voilà le combat engagé de nouveau et le procureur, qui étoit dans son cabinet, vole au secours de sa femme Lui-même est prévenu d'une mornifle par la mâchoire et saisi au collet. Il se débarrasse néanmoins, s'arme d'un bâton et tombe comme la grêle sur son adversaire en le traitant de maq... et de souteneur de p... Ensuite, faisant fermer la porte, il envoie requérir la garde ; elle arrive, mais n'y ayant point de commissaire à sa tête, elle se contente de rester en dehors. On va chez trois ou quatre, aucun ne veut venir dès qu'on décline le nom de l'agresseur. Le seul commissaire Reynaud, réservé pour les grandes expéditions, s'y transporte ; le procureur veut qu'il reçoive sa plainte, mais lui, plus prudent dans cette occasion qu'il ne l'est d'ordinaire, veut auparavant entendre la partie adverse. Il monte, pèse les raisons des uns et des autres et le tout se termine à renvoyer la garde et à se retirer lui-même comme il étoit venu, observant au procureur qu'il lui conviendroit moins qu'à un autre d'instrumenter contre un homme qu'il devoit ainsi que lui respecter et duquel lui, Roger, avoit été le secrétaire.

Le procureur aussi piqué que peu satisfait de cette délicatesse déplacée, s'est pourvu devant M. le lieutenant général de police qui lui a répondu que cette affaire n'étoit point de sa compétence qu'elle regardoit plus particulièrement M. le Premier Président. Ce magistrat, suivant lui, a dit qu'elle étoit au moins mi-partie, eu égard à l'état de la D^{lle} Vaubertrand ; quant à M. Séguier, qu'il lui feroit une mercuriale en pleine audience, ce à quoi on assure qu'il n'a pas manqué, heureux encore s'il n'en a été quitte que pour cela. Mais on prétend que M. d'Argenson en a parlé au Roy qui a donné ordre à M. le Chancelier de mander M. Séguier et de lui enjoindre de sa part d'être à l'avenir plus circonspect dans sa conduite, de ne plus fréquenter chés cette fille. Il n'y a pas paru depuis, à la vérité, mais elle va le trouver chez lui.

Comme ses visites ne sont pas assez fréquentes pour remplir son tems, il va, depuis cette aventure, presque tous les jours chés la D^{lle} Deschamps l'aînée (1).

(1) BIBL. DE L'ARSENAL : *Archives de la Bastille*, 10239. — Dans son livre : *L'Opéra au XVIIIe siècle*, M. Campardon, d'ordinaire mieux informé, écrit (I, pp. 228-229), à propos de la Deschamps : « Ses aventures sont demeurées célèbres. Un avocat général au parlement de Paris l'avait installée au second étage d'une maison occupée par un procureur au Châtelet, qui ne tarda pas à se plaindre du vacarme qu'elle faisait et de l'incommodité de son voisinage. En réponse à ces justes plaintes, Mlle Deschamps fit jeter, un soir, dans l'antichambre du procureur, un paquet d'ordures. La procureuse indignée, sortit sur le palier et se répandit en récriminations. L'avocat général était alors chez Mlle Deschamps ; il descendit, souffleta la pauvre femme et tomba à coups de poing sur le mari qui accourait pour la défendre. On cria au guet, mais le guet refusa d'arrêter un personnage de cette importance, et le procureur eut beau faire, ni les commissaires au Châtelet, ni le lieutenant-civil ne voulurent entendre ses plaintes. Il dut s'adresser au premier président du Parlement, qui lui répondit qu'un fait de cette nature était invraisemblable et probablement inventé par lui. Bref, la procureuse garda ses soufflets, le procureur ses coups de poing et le magistrat, protégé par sa situation, demeura impuni. »

Cette anecdote inexacte est empruntée par M. Campardon, sans

M. Séguier allait être, en effet, pendant plusieurs mois, un des habitués de la rue du Four, un de ces amis soupant-couchant que Marie-Anne préférait aux amants réguliers, comme moins encombrants et moins tyranniques.

Et puis la Deschamps avait un gros procès d'appel pendant au Parlement ; bien résolue à employer le vert et le sec pour réussir, elle payait d'avance, à sa manière, les épices de l'avocat général. La cause était détestable ; il fallait être Marie-Anne et ne douter de rien pour imaginer quelque issue heureuse. Une somme de vingt mille livres environ était en jeu, que des tapissiers de la rue Saint-Martin, le sieur Lefèvre et ses associés, réclamaient pour les meubles de la maison de Pantin. La Deschamps les avait fait transporter à Paris dès que la maison était devenue sienne par le don de Coubert, et elle prétendait maintenant ne pas payer, chicanait sur le prix et sur les dispositions de la vente. Le bon droit du fournisseur était si évident qu'en dépit de Séguier, malgré sa brigue, Marie-Anne était, au mois de mars (1756), déboutée de son appel et condamnée à solder les vingt mille livres de principal, en plus les frais du procès.

Frais si considérables que l'infortuné tapissier, obligé d'en faire l'avance, dévalisé par les procureurs. ruiné par les avocats, forcé lui-même au gîte par ses créanciers, se réfugiait provisoirement dans l'enclos du Temple, asile des insolvables, en attendant d'être payé.

vérification, au *Journal* de Barbier, qui donne les noms des personnages et nomme bien la Deschamps. L'éditeur de Barbier, A. de la Vilegile, pour n'être pas en reste d'inexactitude, précise encore dans une note : « Cette demoiselle Deschamps était une célèbre actrice de l'Opéra-Comique. »

Il est pourtant visible, dès l'abord, que la Deschamps ne saurait être l'héroïne de ce petit drame bourgeois, puisqu'à la date de l'action (déc. 1755) Marie-Anne occupait non le second étage de la maison d'un procureur, mais une maison tout entière; d'autre part, le procureur Roger habitait rue de Montmorency, près du Temple, tandis que l'hôtel de la Deschamps était rue du Four, près des Halles.

XXX

Tout en haut de la rue de Clichy, au lieu dit : les
Portes-Blanches, hors Paris, le fermier général
Gaillard de la Bouxière possédait une petite-maison.
Un palais, plutôt. C'était l'ancienne propriété de son
collègue Le Riche de la Poupelinière, lequel, cocufié
par son voisin et ami, le maréchal duc de Richelieu,
n'avait plus voulu d'une proximité qui lui rappelait
des souvenirs désagréables (1). En 1749, il avait vendu
à La Bouxière la maison et le jardin, qui étaient
coquets, sans plus. La Bouxière, ayant tout mis à ras,
les murs et les arbres, chargeait l'architecte du Roi de
replanter, de rebâtir ; et Charpentier faisait du
« pavillon » de la rue de Clichy une merveille d'archi-

(1) Le duc de Richelieu était propriétaire, rue de Clichy, de
tout le terrain compris, aujourd'hui, entre le Casino de Paris et
la rue Nouvelle. — Voir, à ce sujet, G. Capon et R. Yve-Plessis:
Les Théâtres clandestins, 1905, in-8, pp. 257-261.

tecture, que les spécialistes citaient dans leurs manuels.

Construit au milieu d'une sorte de parc en miniature, à quarante toises de la rue de Clichy, à cent de la rue Blanche, le pavillon était à la romaine et d'ordre ionique ; un cube décoré de pilastres, couronné d'une balustrade. Le porche, soutenu par quatre colonnes élevées sur un perron grandiose, livrait accès dans une large entrée où se dissimulaient de chaque côté les offices et les cuisines. Au bel étage, resplendissaient dorures et peintures. Le salon d'été, grande salle circulaire, était entièrement revêtu de marbre, avec pilastres corinthiens aux bases et chapiteaux de bronze doré. Le salon à l'italienne, octogone, donnait à droite sur la chambre à coucher, à gauche sur le salon d'hiver ; au fond, une pièce ronde qu'on nommait le salon de stuc. Du salon d'été cinq portes vitrées ouvraient sur une terrasse de la largeur du bâtiment, d'où, par dessus les bosquets feuillus, les pelouses ornées de corbeilles et les bandes de fleurs, la vue découvrait tout Paris, en grisaille, au lointain. Dans le parc, aux allées taillées en pommiers et en palissades, s'érigeait un grand Apollon de marbre, entouré de douze tilleuls en arcades ; plus loin, vingt-sept autres tilleuls dessinaient une rotonde de verdure ; la statue d'Andromède veillait au bassin de l'orangerie ; un petit bois ombreux fermait le décor, favorisant l'illusion d'un au-delà très vaste (1).

La Bouxière, à force de dépense, avait rendu ce séjour si agréable que toute la Cour l'avait voulu voir, visiter, admirer. Mais le fermier général recevait parfois moins noble, moins grave compagnie. Témoin l'invitation qu'il adressait à la Deschamps, d'y venir dîner sans façons un jour de printemps, avec la demoiselle Humblot, une nouvelle de l'Opéra, petite blonde pâle, aux yeux clairs cernés de bistre.

(1) G. Capon : *Les Petites Maisons galantes de Paris au XVIIIe siècle.* 1902, in-8, pp. 87-88.

Au jour et à l'heure convenus, les deux amies montaient aux Portes-Blanches. La Bouxière avait convié comme second M. Trudaine de Montigny, maître des requêtes. Le repas, splendidement servi et de chère exquise, était fort gai. On tenait la table jusqu'à neuf heures du soir. Et, les femmes ayant paru désirer d'être seules un moment, ces messieurs allaient faire un tour de jardin... Pouvaient-ils soupçonner à quel diabolique passe-temps de guenons malfaisantes allaient se livrer Marie-Anne et sa complice ? Après avoir brisé, pièce à pièce, toutes les porcelaines oubliées sur la table et celles qui meublaient la cheminée ; après avoir crevé jusqu'à une tabatière de nacre montée d'or sur laquelle était peint un portrait de femme ; après avoir tout mis en bringues et sens-dessus-dessous, elle s'avisaient qu'il ne restait plus d'intact autre chose que deux tasses. Dans ces tasses, échappées du massacre, elles faisaient caca. Puis, toutes joyeuses de tant d'esprit, elles couraient rejoindre leur hôte sous les tilleuls.

L'instant d'après, on rentrait dans la salle à manger, et M. de la Bouxière n'était pas le dernier à s'apercevoir du saccage. Mais il affectait de ne s'en émouvoir pas, applaudissait au contraire, renchérissait sur les mines de dédain de Marie-Anne, qui se tuait de répéter que cela n'était que bagatelle pour un millionnaire tel que lui, et ne méritait même pas attention.

On reprenait place à la table, les tasses enlevées ; puis on absorbait les liqueurs : l'eau de céleri et le vin de grenades, la crême de moka et le ratafia d'œillets, toute la série des rogommes fins et digestifs, gargarismes à gosiers de qualité. Lorsque tout le monde était bien en train, les invitées grises à souhait, La Bouxière, jovial. proposait de les mettre nues, histoire de rire un peu ; moitié de gré, moitié de force, les deux femmes s'exécutaient ; quand elles n'avaient plus que la chemise au dos, l'amphitryon sonnait et ordonnait froidement de reconduire ces

damcs, avec des flambeaux... Le carrosse de la Deschamps attendait dans la cour ; force était d'y monter
en simple appareil, et de revenir ainsi rue du Four,
où la demoiselle Humblot trouvait un abri pour cette
nuit.

Le lendemain, Marie-Anne écrivait au financier
une lettre badine, mais pressante, pour réclamer ses
effets et ses bijoux. La Bouxière avait d'abord eu
l'idée de confisquer le tout en sûreté des dégâts volon-
taires, qui se haussaient à près de quatre mille francs.
Bon prince, il renvoyait pourtant, sans condition ni
répétition, les affiquets et les parures ; sauf les jupes,
qu'il avait déjà fait flamber en sa présence, symboli-
quement, ainsi qu'on brûle du sucre pour chasser la
mauvaise odeur.

Cette robe de la Deschamps était de satin rose,
bordé en chenille de soie et argent ; elle l'avait
étrennée le 19 janvier à une répétition de *Zoroastre*.
Bien vrai que cette toilette ne lui avait personnellement rien coûté, quoique payée dix-huit cents livres ;
c'était un cadeau de M. Brissart.

XXXI

E^H, quoi ! Brissart, le taquin et prudent Brissart, l'amoureux naguère éconduit de Deschamps la cadette, en était à offrir à Deschamps l'aînée des robes de six cents écus ?

Eh, oui ! la gloire d'agrafer le fermier général, et de fixer ce volage économe qui papillonnait de belle en belle, sans jamais se mettre en frais sinon de propos câlins, cette gloire était réservée à Marie-Anne. Depuis trois mois, elle le tenait à la lisière. Elle avait même découvert le secret de le faire jouer ferme du pouce. Chose non moins surprenante, on assurait que, jusqu'à présent, elle ne lui avait rien accordé : pas ça ! Et moins il obtenait, plus il payait. Le désir avait transformé l'homme. Harpagon devenu prodigue, il dépochait royalement, sans sourciller. Marie-Anne ayant perdu dans l'affaire du tapissier, Brissart, d'un beau mouvement, allongeait mille louis pour régler la note ; — ce qui n'empêchait pas du reste la danseuse d'être saisie par huissier, quelques jours plus tard, et de n'éviter l'enlèvement de ses meubles que grâce à Deschamps, qui se rendait caution pour sa femme. (La caution de Bursé ! le bon billet qu'avaient les créanciers !)

Mais c'était un principe chez Marie-Anne : toujours prendre, jamais rendre. Au milieu de cette apparente disette de pécune, l'or pleuvait chez la Deschamps et ses amants eux-mêmes se creusaient la tête pour trouver quelque présent qui lui fût agréable ou nouveau. C'était M. de Coubert qui, pris d'un regain de tendresse, faisait fabriquer pour elle, chez son orfèvre, une vaisselle de table en vermeil. C'était M. Séguier, qui, pour effacer les impressions du procès perdu, apportait une tabatière de mille livres, à l'indignation de Mlle Vaubertrand, et n'évitait pas d'être congédié comme un laquais, quelques semaines après (1). C'était M. Duguest de Cassel, un provincial débarqué récemment rue Dauphine, à l'hôtel d'Anjou, qui, malgré ses trente ans et sa bonne mine, propres à lui faciliter des amours moins dispendieuses, achetait cinquante louis le droit de coucherie.

Cependant que M. de Saulgeon, toujours l'ami du cœur, dédommageait Marie-Anne des fastidieuses corvées qu'elle prévoyait avec Brissart, le jour prochain où elle serait forcée d'y passer.

(1) Pour consoler la Vaubertrand, Séguier « lui dit de chercher des clients qui ayent besoin de sa protection et qu'elle sache en tirer parti. Il va tantôt chez l'une, tantôt chez l'autre. Mais celui qui fait les plus gros frais chez la demoiselle Vaubertrand est le sieur Lisledot qui lui donne 20 à 25 louis par mois, au lieu que M. Séguier ne lui en donne que 10. » (BIBL. DE L'ARSENAL : *Archives de la Bastille*, 10.236 .

XXXII

LE marquis de Saulgeon n'était pas seul aimé pour
lui-même. Depuis cette nuit de printemps où
Marie-Anne, mise à la rue par M. de la Bouxière,
avait offert à Mlle Humblot l'hospitalité et le partage
de la couverture, une passion singulière rivait l'une
à l'autre les deux amies.

C'était comme autrefois avec Mlle Sauvage. La Deschamps ne pouvait plus faire un pas sans sa petite
blonde aux yeux clairs, cernés de bistre. Ensemble
elles venaient répéter à l'Opéra, ensemble elles s'en
retournaient. Ensemble elles paradaient au boulevard,
dans le carrosse de Marie-Anne, le jeudi, jour du beau
monde. Ensemble elles allaient nocer à la Nouvelle-
France, rue de Bellefonds, au coin de la rue Roche-
chouart, dans la petite-maison de Mercier, le maître
fourbisseur, qui joignait aux gains de son commerce
d'épées la location complaisante, pour des parties

fines, de cette bicoque et du jardin y attenant (1). Clients ordinaires : le comte de Charolais, le marquis de Benonville, le marquis de Seignelay, le comte de la Marche, futur prince de Conti; noble société de roués de condition, que déparaient à peine deux rotures : M. Chaillou, dit : de Joinville et M. Dumazel. Mais, si avant dans la nuit que fussent poussés les soupers, toujours Marie-Anne rentrait sa mignonne rue du Four, ne lui tolérant aucune liaison, même passagère.

A cause d'elle, Mlle Humblot avait planté là M. Ménard, contrôleur de la maison du Roi, son amant. Et aussi M. Caze, fermier général, visiteur intérimaire mais fortuné. Le domicile de Mlle Humblot, rue de Grenelle-Saint-Honoré, ne servait plus guère qu'à abriter les rendez-vous furtifs donnés par Marie-Anne au comte de Coubert, qu'elle revoyait par échappées, mais ne voulait plus recevoir chez elle, de crainte qu'il s'y rencontrât avec Brissart. Mlle Humblot vivait à demeure chez sa bonne amie, qui l'entretenait de tout, la surveillait jalousement. Et les familiers des coulisses, à l'Opéra, jasaient de ce petit ménage, goguenardaient sur l'air alangui de Mlle Humblot, ses joues creusées, son dépérissement, l'étisie où elle tombait...

(1) Ce Mercier était le père de Louis-Sébastien Mercier, le futur auteur du *Tableau de Paris*. Voir aux Archives Nationales (S. 237) un acte de vente où il est parlé de cette maison.

Vue de la promenade du Boulvard du côté de la porte du Temple à Paris.

XXXIII

Chèrement aimée, gorgée de finance, la Deschamps était-elle parfaitement heureuse ? Hélas ! La pauvre vivait en des transes continuelles.

Chassé de l'Opéra-Comique par la maladie, oisif depuis bientôt deux ans, Bursé dit Deschamps réclamait à grands cris la sinécure que sa femme, imprudemment, lui avait promise. Perdu de dettes inavouables, achevé par le pharaon et le biribi, cet écoute-s'il-pleut perpétuel s'énervait de ne rien voir venir ; il menaçait et ses prétentions allaient croissant avec le luxe de Marie-Anne. Onéreuses toujours, ses visites à la rue du Four étaient maintenant calamiteuses ; il n'arrivait plus que l'injure à la bouche, les poings en avant, enflammé de vin. Il ne se contentait plus de ce qu'on lui abandonnait ; il parlait en maître, exigeait, prenait lui-même, râflait tout ce qui traînait à portée de sa main. Il cognait au besoin. Et ces violences terrifiaient Marie-Anne, brisée par les angoisses d'un qui-vive incessant.

Le 15 août 1756, c'était la fête de sa femme, Deschamps avait fait un esclandre affreux. Comme on le guettait depuis ce jour-là, pour le consigner dehors, il écrivait, sous l'anonyme, des lettres ordurières qu'il faisait jeter à la poste par les cagnards de sa clique, ses amis des bouges et des brelans :

Bougresse de pourry garce que tu es

Madame (1),

Je t'écris de fontaine Blaux pour tanoncer que jay aprıs que tu a déménagé nuitamant tes effets et que ton marquis de Saugeon et partis, ton maquereaux ; et tu as mis tes effets nuitamant ches luy, garsse, avec tes diamans que tu as mis sur le pacquet, garce ; tu crois donc, garce, que Brisard te vas donner des écus longtemps pour soutenir ton maquereaux de Saugeon avec ta sacré famille de savetier, vérollés, pourris, que tu est ; mais quand je serois à Paris ta foutu sœur qui me le payerat, je prend mes deux soldats aux gardes pour foutre les bras à bas de ta garce de sœur, garce que tu es, tout ton monde qui est chez toy te feront tout comme moy, te foutront les bras à bas ; tous comme tu na qua venir à fontainebleaux, tu verras qui je suis, et tu n'en sera pas quitte pour cela, car de te donner à vivre jusqu'à la Noelle sept trop temps, car il y a assé de temps que tu mange les gens du monde et que tu les pourris, garce ; je signe en me foutant d'une garce comme toy ; je ne te recite pas mon nom car tu est indigne de le scavoir, tu na qua venir à fontaine Blaux, je m'apelle Bausoleille.

Bougre de garce, malgré que tu nest meritté, je t'anvoy un bouquet qui est digne d'une garce comme toy.

De Fontaineblaux, ce 12 octobre 1756.

Le « bouquet » de la fin consistait en une poudre noire et puante ; de la poudrette au lieu de sable à sécher l'encre.

(1) ARCHIVES NATIONALES : Y, 11573. Sur l'original le mot *Madame* est biffé d'un trait de plume rageur ; sans doute après l'avoir écrit Bursé se ravisa et le remplaça par la ligne au-dessus, plus adéquate à sa pensée.

Marie-Anne mandait le commissaire Chenu pour lui rendre sa plainte ; mais elle n'osait pas dénoncer nommément son mari et se bornait à réclamer une enquête contre inconnus.

18 novembre 1756. — L'an 1756, le jeudi 18 novembre, trois heures de relevée, nous, Gilles-Pierre Chenu, conseiller commissaire au Châtelet, ayant été requis, sommes transportés rue du Four Saint-Honoré, en une maison où, étant monté au premier étage et entré dans un appartement donnant sur la dite rue, est comparue devant nous dame Marie-Anne Pagès, femme du sieur Jean-Baptiste Bursé-Deschamps, bourgeois de Paris, demeurante en ladite maison où nous sommes, paroisse St-Eustache ; laquelle nous a rendu plainte et dit :

Qu'il lui a été remis il y a peu de jours, par l'un de ses domestiques, une lettre de la poste, paroissant, par l'inscription qui est sur l'adresse de la dite lettre, du bureau de la poste, venir de Briare, adressée à elle plaignante ; que sa surprise a été des plus grandes quand, à l'ouverture de ladite lettre, elle y auroit trouvé dedans une poudre noire qui lui a monté au nez et l'a infecté par sa mauvaise odeur et qui la lui auroit fait jeter sur le champ dans le feu sans savoir ce que ce pouvoit être ; qu'elle auroit fait lecture de la dite lettre sans signature datée de Fontainebleau du 12 octobre 1756, laquelle est un tissu de propos calomnieux, obscénités, et de juremens, et même de menaces effraïantes contre la plaignante ; qu'elle ne sçait pas qui peuvent être les auteurs d'un écrit aussi affreux et dont le stile, grossier et répréhensible à tous égards, annonce gens très mal intentionnés, qui non contents d'y insulter et menacer la plaignante poussent l'audace jusqu'à oser y insulter avec aussi peu de ménagemens différentes personnes qui y sont dénommées ; que pour s'assurer que ladite lettre venoit effectivement de Briare, elle avoit envoyé au bureau des postes pour y vérifier le fait, que l'on y auroit reconnu la marque de la poste qui est le mot de Briare et le chiffre marquant le prix du port étant sur l'adresse de la dite lettre, de façon qu'elle ne peut plus douter que la dite lettre lui ait été envoyée de cet endroit où elle ne connoit cependant qui que ce soit ; qu'elle a tout lieu de soupçonner que la lettre a été envoyée de Paris ou de Fontainebleau d'où elle est datée, à quelqu'un à Briare pour le faire tenir par la poste à la plaignante : que l'écriture de la dite lettre paroit contrefaite et son adresse écrite d'une autre main que le dedans, ce qui annonce des précautions de plusieurs personnes qui ont travaillé à cet horrible écrit, qui donne à la plaignante les plus justes inquiétudes et comme elle a un intérêt sensible d'en découvrir les auteurs afin de prévenir l'effet de leurs menaces et les faire punir suivant la rigueur des lois, elle a requis notre transport à l'effet de nous rendre la présente plainte des faits cy-dessus contre les auteurs et fabricateurs, à elle inconnus, de la lettre anonyme.

Signé : M.-A. Pagès, Chenu (1).

Enhardi par la timidité adverse, fort au surplus de son droit marital, Deschamps revenait à la charge au mois de novembre, et dépêchait à Marie-Anne sa volonté dernière, libellée en trois articles. Il entendait rentrer dans ses privilèges d'époux, s'établir chez elle, manger, boire, dormir, si mieux elle n'aimait acquiescer aux capitulations suivantes : 1º Elle déposerait incessamment dans l'étude d'un notaire trente mille livres, en capital d'une rente de trois mille ; 2º elle lui remettrait une somme de six mille livres en espèces pour acquitter ses dettes ; 3º elle lui trouverait en province un emploi de trois à quatre mille livres par an, entrepôt de tabac, recette de grenier à sel, ou tout autre équivalent.

Cet ultimatum rendait Marie-Anne perplexe. Elle essayait de transiger. Elle proposait à Deschamps dix-huit mille livres au lieu des trente-six mille réclamées, s'il s'engageait à s'amender et à travailler ; elle promettait toujours de lui obtenir une place, mais sous la stipulation expresse qu'il consentirait à une séparation de biens et qu'il se retirerait loin de Paris jusqu'à son investiture (2).

Deschamps ne voulait rien rabattre de ses exigences et le 2 janvier 1757, brisant les négociations, il apportait lui-même sa déclaration de guerre, menait un

---

(1) Archives Nationales, Y 11573 (ce dossier se trouve par erreur dans la liasse 11573 qui contient l'année 1757).

(2) Bibl. de l'Arsenal, *Archives de la Bastille,* 10.236.

sabbat du diable dans la maison, rouait de coups sa femme, s'emparait de deux mille livres, d'une poignée de diamants, bousculait la servante et détalait.

Qu'allait faire Marie-Anne? Se plaindre, appeler encore le commissaire? Mais sous quel prétexte? Le vol? Deschamps, pouvait-il se voler lui-même? Rue du Four, n'était-il pas chez lui? Les coups? Deschamps, pour excuse, n'avait-il pas l'inconduite de Marie-Anne? Elle était acculée comme dans une impasse par cette fiction de la communauté légale qui donnait à son mari plein pouvoir sur ses biens et sa personne. Mieux valait attendre ; peut-être Deschamps, repu, allait-il un peu la laisser tranquille. Elle aviserait, plus tard, s'il réitérait quand il aurait bu, ou perdu au jeu, les deux mille livres et le prix des diamants dérobés...

XXXIV

L'ANNÉE commençait mal, et la Deschamps pourtant
n'était qu'au début de ses peines. Les bienfaits de
Brissart allaient lui échapper brusquement, en des
conditions aussi rudes pour son amour-propre que
pour sa cupidité.

Le fermier général, au jour de l'an, avait payé à
Marie-Anne une montre d'or, enrichie de brillants,
avec sa chaîne (1). Il lui donnait, disait-on, dix mille
livres par mois (2). Mais la famille Brissart, instruite,
s'épouvantait de ces folies d'argent. Elle portait plainte
à l'autorité. Et voici que la Deschamps était convo-
quée chez M. Berryer, lieutenant-général de police,

(1) BIBL. DE L'ARSENAL, *Archives de la Bastille*, 10.236.

(2) *Livre-Journal des Evènemens remarquables* ou Mémoires
de la Lune, publié par la *Revue Rétrospective* (1899); manuscrit
communiqué par M. de Grouchy et attribué à un membre du
Parlement.

pour avoir à rendre gorge, à restituer notamment cent mille écus de billets au porteur que le financier lui avait souscrits en des heures d'épanchement, et que les Brissart revendiquaient pour cause de donation illicite et immorale.

Marie-Anne, selon sa coutume, le prenait de haut :
— « Et depuis quand, Monsieur, demandait-elle au magistrat, la police se mêle-t-elle des choses qui ne la regardent pas ? Il est inouï qu'un tribunal établi pour les boues et les lanternes, veuille s'ingérer aujourd'hui dans les avantages réciproques qui sont établis dans la société. Quoi ! un citoyen ne pourra donner son bien, ni une femme le recevoir sans votre participation ? Ma foi, Monsieur, je vous conseille de vous mêler aussi des testaments et de déclarer qu'aucun particulier, à l'avenir, à Paris, ne pourra tester sans une ordonnance de vous... » (1)

A ce flot d'arguments et d'impertinences quelle digue opposait le lieutenant de police ? Sans doute cette bonhomie souriante dont M. Berryer ne se départissait jamais avec les femmes, auxquelles il pardonnait beaucoup, parce qu'il les avait jadis beaucoup aimées. Et, paternel, ironique un peu, il exposait probablement à Marie-Anne qu'il ne l'avait pas appelée pour discuter avec elle sur des points de compétence, mais pour lui signifier des désirs formels : que si le lieutenant de police était gardien des boues et des lanternes de Paris, il était aussi celui des jolies filles, leur maître souverain, leur juge sans appel ; qu'un signe de lui pouvait ouvrir toute grande la porte de l'Hôpital et la refermer : que, d'un simple paraphe, il pouvait même expédier très loin celles qui faisaient les méchantes, aux Iles, par exemple ; qu'elle personnellement, Marie-Anne Deschamps, de l'Académie royale de Musique, se gouvernait en son

(1) [Thureau de la Morandière], *Représentations à M. le Lieutenant de police sur les courtisanes à la mode*, 1760, in-8, p. 209.

privé d'une façon très dissolue, que le Roi ignorait certainement, mais que la police n'ignorait pas, quoiqu'on fermât les yeux ; qu'enfin, déjà menacée par son mari, elle avait grand intérêt à se concilier, par sa docilité, l'indulgence du pouvoir.

M. Berryer disait tout cela ; et Marie-Anne, vaincue par cette logique de l'arbitraire, baissait pavillon, capitulait et, tremblante de dépit, rendait les billets. Elle se vengeait seulement en expulsant Brissart, qu'elle soupçonnait de connivence avec les siens dans cet arrangement péremptoire. Brissart, après quelques jours passés avec la demoiselle Coraline Véronèze, du Théâtre-Italien, revenait à la demoiselle Grenier, son ancienne maîtresse.

Mais, de cette aventure humiliante, qui la dépouillait d'un seul coup d'une fortune, la Deschamps était trop intelligente pour ne pas retirer au moins une leçon : à savoir que son métier nécessitait des amitiés solides, invulnérables, des répondants si haut placés que personne n'osât les braver ouvertement ; si elle avait pu dresser un prince du sang en face du lieutenant de police, nul doute que le magistrat eût hésité à servir jusqu'au bout les intérêts des Brissart. Et elle songeait au duc d'Orléans, brave homme au demeurant, dont elle avait apprécié l'obligeance. Une facilité s'offrait de se rapprocher du prince. Marie-Anne était invitée, de fondation, aux parties de chasse qu'il donnait l'hiver dans les environs de Vincennes. Quoiqu'elle fût très enrhumée, elle ne laissait pas de se rendre, cette année, à l'invitation, pour faire sa cour à ce gros ami, à cette bedaine puissante qu'elle entrevoyait comme un paravent contre les rafales de l'adversité.

XXXV

Au débotté d'une de ces chasses, qu'elle avait dû
quitter de bonne heure pour être à sa répétition,
Marie-Anne arrivait à l'Opéra d'une humeur massa-
crante. Elle s'acquittait si mollement, si maussade-
ment, de son rôle, que Lany ne pouvait se tenir de
lui faire quelques remontrances. Mal reçu, il s'impatientait, jurait, tempêtait. Et la Deschamps, tournant le
dos, lui déclarait tout franc « qu'elle se foutait de ses
menaces comme des c....... de Marc-Antoine. » Lany,
dont on disait par gausserie « qu'il logeait sur le
derrière », à cause qu'il était passablement sourd, ne
relevait pas ce propos malsonnant et saugrenu. Après
le spectacle, pourtant, comme il soupait rue Neuve-
des-Petits-Champs, chez M. de Villemur, où l'avaient
précédé les danseuses Marquis et Riquette (1), il était

(1) Il s'agit ici de M. de Villemur le cadet, receveur général
des. finances de Paris. Villemur l'aîné était mort de la petite

très surpris de s'entendre interpeller à l'antique :
« *Ave*, Marc-Antoine !... Comment va Marc-Antoine ?...
Eh ! bonsoir, Marc-Antoine ! » Et tous de rire à gorge
débridée. Et Lany de réclamer le mot de l'énigme,
qu'on lui expliquait avec de grands éclats de joie,
tellement paraissait bouffonne à chacun la fantaisie
de la Deschamps de remuer, à dix-huit cents ans d'intervalle, cette pincée des cendres augustes d'un grand
capitaine. Lany faisait chorus avec les rieurs.

Mais, tandis qu'il s'égayait en société, Marie-Anne
réfléchissait aux suites de son incartade et la nuit
lui portait conseil. Plus prudente depuis la visite à
M. Berryer, la Deschamps discernait vaguement que
sa qualité de dame de l'Opéra l'avait, possible, en cette
rencontre, sauvée de l'Hôpital. Allait-elle s'exposer
à fâcher Lany, à risquer la révocation, à perdre ses
bénéfices d'état pour une parole en l'air ?...

Dès le petit jour, elle faisait porter à son « Cher
Maître » un billet bien plat et soumis, où elle énumérait les obligations qu'elle lui avait, faisait appel à
une affection jamais démentie, et mettait sur le compte
des soucis domestiques un mouvement d'humeur dont
elle demandait pardon.

---

vérole en 1753. La demoiselle Marquis, de l'Opéra, était pour
l'heure la maîtresse de M. de Villemur, qu'elle avait préféré au
vieux Tobianski, l'ex-grand-chambellan de Pologne. Plus tard,
après avoir fait les belles nuits du marquis de Villeroi, elle
passa au service du duc d'Orléans, dont elle eut plusieurs enfants
que le prince reconnut (Voyez nos *Théâtres clandestins*, p. 100).

La demoiselle Riquette avait débuté à l'Opéra en 1755, à
quinze ans, après avoir paru successivement à l'Opéra-Comique
et à la Comédie-Française. Elle était grande, assez jolie. M. de
Case de Villembray, lieutenant de la compagnie de M. de la Fer-
rière, le marquis de Baussieu, exempt aux gardes, nombre d'autres encore, fréquentaient chez elle, tant pour elle que pour sa
mère, brune piquante, âgée de trente-trois ans, et qui, disait-on,
valait mieux que la fille. (BIBL. DE L'ARSENAL : *Archives de la Bastille*, 10.237).

XXXVI

Un panégyrique de Marie-Anne, par un magistrat
pour des magistrats. Voici du neuf et du piquant.
Rien de comique à mettre en regard des bulletins
sans politesse de Meusnier, comme cette biographie
résumée de la danseuse, que rédigeait, évidemment
sous sa dictée, le commissaire Gilles Chenu. La Deschamps transformée en une victime du mariage, en
une vertu méconnue, en un modèle des épouses et
des mères ! Et l'on pouvait se demander où était le
plus admirable, de la naïveté du commissaire Chenu,
s'il ignorait, seul entre tous, ce que tout Paris savait,
ou de sa complaisance, si, n'ignorant rien, il prêtait néanmoins sa signature à l'apologétique factum
ci-dessous :

*Mlle Marie-Anne Pagès, dite Deschamps, se plaint des vio-
lences et de la mauvaise conduite de son mari.*

L'an 1757, le mardi 29 mars, onze heures du matin, nous,
Gilles-Pierre Chenu, commissaire, ayant été requis, sommes

transporté rue du Four Saint-Honoré, en une maison occupée par la dame Deschamps, où, étant monté au premier étage et entré dans un appartement donnant sur ladite rue, est comparue par devant nous Marie-Anne Pagès, femme de Jean-Baptiste Bursé-Deschamps, bourgeois de Paris, elle attachée à l'Académie royale de Musique, où elle danse, demeurante en ladite maison :

Laquelle nous a rendu plainte et dit qu'elle auroit eu le malheur d'être sacrifiée, il y a environ dix ans, par le mariage que ses parens lui ont fait contracter avec ledit Deschamps, auquel elle a apporté en dot une somme de 8.ooo livres qui n'a été constatée par aucune quittance, attendu qu'il n'a pas été passé de contrat civil de leur dit mariage ; que les père et mère de la plaignante s'étoient flattés dans cet établissement de la rendre heureuse, ledit sieur Deschamps ayant des talens dont il faisoit usage et retiroit beaucoup d'avantage ; que les premières années de ce mariage furent en effet assez tranquilles ; que la plaignante devint même enceinte et accoucha d'une fille dont elle prend soin ; qu'au lieu, par ledit Deschamps, de continuer les bons procédés qu'il avoit eus d'abord pour la plaignante, de mettre à profit ses talens et de vivre avec l'ordre et l'économie qu'un honnête homme doit avoir, il s'est au contraire livré à la plus grande dissipation, à la débauche la plus affreuse et la plus basse et à des excès qui ne sont que trop connus dans le public et qu'une femme, par bienséance et par respect pour elle-même, ne peut pas déclarer ; il a vendu les meubles de la plaignante et le peu d'effets qu'elle lui avoit apportés en dot, et, après avoir tout dissipé, il l'a abandonnée il y a sept ans, n'habite plus avec elle, en est séparé de fait, et depuis ce tems l'a laissée manquer des choses les plus nécessaires : en sorte qu'elle a été forcée pour vivre et donner à sa fille les secours nécessaires, d'entrer à l'Opéra, où elle est encore employée en qualité de danseuse ; depuis cet abandon, elle a néanmoins pris soin de sa dite fille qu'elle a fait élever et a placée dans le monastère des Ursulines de Sainte-Avoye où elle paye sa pension, se privant elle-même pour donner à cette enfant une éducation convenable, lui inspirer l'amour de la vertu, des sentimens de religion et la haine de l'état que la plaignante a été forcée d'embrasser, n'ayant aucune autre ressource pour vivre et en un mot, pour donner à cette enfant des talens qui puissent réparer le malheur de sa fortune, lui procurer par la suite ou un établissement ou le moyen de vivre et d'éviter les mal-

heurs qui accablent sa mère ; que ledit sieur Deschamps, loin
de se prêter aux vues louables de la plaignante, n'a cherché
au contraire qu'à les combattre, ayant voulu plusieurs fois
faire sortir sa dite fille du couvent et la mettre dans le monde,
pourquoi la plaignante a été forcée d'implorer la protection
de la supérieure et de la prier de ne laisser sortir sa dite fille
du couvent sous aucun prétexte, quand bien même son père
la demanderoit ; que cet obstacle aux vues abominables dudit
Deschamps l'auroit aigri encore davantage contre la plaignante ; que depuis qu'il a quitté l'Opéra-Comique et qu'il
n'a plus aucun emploi, la plaignante, malgré tous ses justes
sujets de plainte contre lui, a cherché tous les moyens de lui
procurer une place ; qu'elle étoit même parvenue à lui en
trouver une considérable du produit de plus de 3.ooo livres
qu'il refusa, disant qu'il ne vouloit rien faire ; que la plaignante, loin d'avoir donné lieu à la retraite de son mari et à
son dérangement affreux, a au contraire toujours eu pour lui,
tous les ménagemens, les égards et l'attachement qu'une
femme doit à son mari ; qu'elle auroit même gardé un silence
éternel sur ses mauvais procédés et sa mauvaise conduite s'il
se fût contenté de l'abandonner, sans l'accabler, comme il a
fait depuis, des plus mauvais traitemens, mais que non content de lui avoir tout vendu en l'abandonnant, de vivre séparé
de fait avec elle et d'avoir refusé l'emploi qu'elle lui avoit
trouvé, il s'avise encore, quand il manque d'argent, de venir
de tems en tems chez elle en exiger avec des menaces et les
injures les plus atroces et les sévices les plus durs ; que
notamment le 15 d'août de l'année dernière, il vint chez la
plaignante sur les dix heures du matin : la trouvant seule
avec sa femme de chambre il lui dit qu'il lui falloit de l'argent,
qu'il avoit perdu tout le sien au jeu et qu'il falloit qu'elle
réparât cette perte ; que, surprise de cette demande et plus
encore du ton menaçant dudit Deschamps, elle lui représenta
avec douceur qu'elle n'avoit pas d'argent et qu'il devoit même
bien savoir qu'elle n'en pouvoit avoir, ses appointemens ne
suffisant pas pour la faire vivre elle et sa fille ; que ledit
Deschamps, tout furieux, écumant pour ainsi dire de rage,
vomit contre elle les injures les plus grossières, la traitant de
foutue garce et de putain et lui dit qu'une garce comme elle,
livrée à tout le public, ne pouvoit manquer d'argent, qu'il lui
en falloit ; qu'il lui donna deux soufflets et trois coups de
poing dans la tête avec tant de violence qu'elle en fut presque
renversée de l'autre côté, persistant pour avoir de l'argent ou

les diamans de la plaignante qu'il disoit vouloir aller vendre ;
qu'elle, tout en larmes, l'assura que les diamans qu'elle avoit
ne lui appartenoient point, que l'on les lui avoit prêtés pour
le théâtre et qu'ainsi elle ne pouvoit les lui donner ; qu'aussitôt ledit Deschamps, encore plus furieux, tira son couteau
de chasse, vint sur elle et sur sa femme de chambre, toujours
présente, qui cherchoit aussi à l'apaiser et leur dit : « Vous
êtes deux bougresses, je veux vous percer toutes les deux,
c'est une chose décidée. » Que la plaignante, craignant lors
pour sa vie, fut pour la mettre à couvert, dans la nécessité
de donner le peu d'argent qu'elle avoit chez elle, et qui étoit
destiné pour les besoins d'elle et de sa fille, audit Deschamps
qui s'en fut après, jurant beaucoup et disant : « Bougresse !
tu as bien fait car je t'aurois tuée ; mais au surplus tu ne
m'échapperas pas ! » ; que depuis ce tems il a toujours continué
ses mauvais traitemens et menaces, étant encore venu chez la
plaignante le 2 janvier dernier dans la matinée ; que la femme
de chambre d'elle plaignante lui représenta que sa maîtresse
dormoit encore, ayant été incommodée toute la nuit, à quoi
il répliqua, en poussant rudement ladite femme de chambre :
« Retire-toi, foutue gueuse ! » et à grands coups de pied
enfonça la porte de la chambre de la plaignante qu'il arracha
de son lit par les cheveux, tenant de son autre main son couteau de chasse, la traîna par terre au milieu de la chambre
en lui disant : « Bougre de gueuse, c'est aujourd'hui le dernier de tes jours, il faut que je te tue ! » que la plaignante
déjà incommodée, croyant effectivement qu'elle alloit périr,
resta évanouie sur le carreau, ce dont le dit Deschamps, son
mari, profita, défit entièrement son lit, comptant y trouver de
l'argent et, en effet, y prit deux rouleaux de 5o louis chacun
qu'elle y avoit cachés et qu'elle conservoit pour payer la pension de sa fille et donner à des créanciers de son mari qui
étoient sur le point de faire vendre ses meubles ; que la dite
femme de chambre, qui étoit descendue en bas pour appeler
au secours, revint avec un particulier, marchand, qui étoit
venu dans la dite maison ; qu'au moment qu'ils entrèrent le
dit Deschamps non content desdits deux rouleaux qu'il avoit
mis dans sa poche, sauta sur la toilette de la plaignante, y
prit et emporta les mêmes diamans qu'il avoit déjà voulu
avoir malgré les représentations de la dite femme de chambre
que les dits diamans n'appartenoient pas à sa maîtresse, et
qu'ils lui avoient été prêtés pour le théâtre, ce qui n'opéra
qu'une continuation d'injures et de menaces contre la plai-

gnante et sa femme de chambre de la part du dit Deschamps qui sortit ; que la plaignante, qui se trouvoit alors dans un tems critique, resta évanouie longtemps malgré tous les secours qu'on lui donna, ce qui lui a occasionné une maladie dont elle a manqué de périr ; qu'il est encore venu une autre fois chez la plaignante dont, en son absence, il auroit voulu faire ouvrir les portes par un serrurier, ce à quoi la femme de chambre s'opposa et fut maltraitée par le dit Deschamps qui lui donna plusieurs soufflets en se retirant ; qu'enfin il ne vient chez la plaignante que pour la forcer à lui donner de l'argent, la maltraiter et l'accabler d'injures ; qu'il seroit encore venu le vendredi, 25 du présent mois, sur les trois heures de l'après-midi ; que la trouvant à table avec deux personnes, il dit qu'il vouloit lui parler en particulier ; qu'elle le conduisit au second dans sa chambre à coucher, ou, à peine entré, il lui demanda cent louis pour une affaire d'honneur qu'il lui dit avoir, que la plaignante lui répondit : « Mais, mon Dieu, ne me laisserez-vous jamais tranquille ? Vous voulez donc être mon bourreau et me persécuter jusqu'à la mort ? Vous savez que je n'ai pas d'argent, où voulez-vous que j'en prenne ? » et voulant lui faire quelques représentations sur ses procédés à son égard, il lui dit : « Comment, bougresse, ai-je à faire de tes leçons ? Il convient bien à une gueuse comme toi de m'en donner ! je viens pour avoir de l'argent, il m'en faut tout-à-l'heure : si tu ne m'en donnes pas, tu vas avoir affaire à moi ! » et, voyant que la plaignante ne se disposoit pas à lui en donner, il auroit pris sur la cheminée plusieurs porcelaines qu'il auroit jetées par terre avec fureur et brisées en morceaux, tira ensuite son épée, et en donna du plat plusieurs coups sur la tête de la plaignante, la prit à la gorge et, lui tenant le col de la main gauche, lui auroit de l'autre main présenté la pointe en lui disant : « Bougresse ! je te perce si tu ne me donnes à l'instant ce que je te demande ! » ce qu'il auroit immanquablement fait si la femme de chambre de la plaignante, entendant les cris de sa maîtresse, n'eût appelé à son secours les deux personnes qui étoient en bas et qui, montées sur-le-champ, se saisirent du dit Deschamps qu'ils eurent beaucoup de peine à faire retirer de la dite chambre, et qui, en sortant, dit à la plaignante en la regardant avec des yeux furieux : « Va ! gueuse, va ! foutue garce, tu ne périras jamais que de ma main. Tu es bien heureuse d'avoir eu du monde chez toi, mais tu n'en auras pas toujours. Je prendrai mieux mon

tems une autre fois et tu ne l'échapperas pas » ; que des scè-
nes aussi fortes et aussi tragiques donnent à la plaignante
les plus justes sujets de crainte pour sa vie, d'autant plus
qu'elle connoit la haine du dit Deschamps, son mari, et son
antipathie pour toutes les femmes en général, singulièrement
pour elle, ce dont elle n'a que trop lieu d'être persuadée, son
mari ayant plusieurs fois poussé l'indécence vis-à-vis d'elle
jusqu'à lui dire, quand elle lui répétoit n'avoir pas d'argent,
qu'elle n'avoit qu'à en gagner, qu'étant jolie elle ne devoit
pas en manquer et qu'elle devoit lui fournir tout ce qu'elle
vouloit ; que, d'un autre côté, elle sait que le dit Deschamps
est noyé de dettes, poursuivi par un nombre infini de créanciers, qu'il vit dans l'indolence la plus profonde, ne voulant
rien faire et ne vit que par le crédit de ce qu'il peut attraper
à la plaignante qui, malgré la plus grande économie, se
trouve par là exposée journellement à périr, ainsi que sa fille,
d'indigence et à perdre la vie.

Pourquoi elle a requis notre transport et nous rend contre
lui la présente plainte des faits cy-dessus, de laquelle plainte
elle nous a requis acte que nous lui avons octroyé.

Signé : Pagès, Chenu (1).

Il aurait fallu aux juges du Châtelet des âmes de
tigres pour résister à une plainte si déchirante ; des
yeux de lynx pour découvrir la vérité parmi des faits
si savamment dénaturés. Ces juges étaient simplement
des hommes mansuets. Le 11 mai, ils octroyaient au
sieur Des Essarts, procureur de la Deschamps, la permission de faire la preuve des allégations de sa
cliente. Cette sentence, signifiée le 4 août, était trans-
mise le 5 au bon commissaire Gilles Chenu, qui assignait pour le lendemain à comparaître « en son
hôtel » les témoins de la demanderesse et aussi Jean-
Baptiste Bursé, dit Deschamps, défendeur. Le 6, à
neuf heures du matin, comme Deschamps ne s'était
point présenté en personne, ni procureur pour son
compte, défaut était requis contre lui, et Gilles Chenu
passait outre, procédait à l'audition des témoins de
Marie-Anne ; des fournisseurs, des domestiques, des

<hr>

(1) Archives Nationales, Y, 11573.

voisins, auxquels elle n'avait pas eu besoin de faire
le bec pour obtenir d'eux des certificats unanimes
quant aux brutalités de son mari, cette catégorie des
faits de la plainte étant surabondamment exacts.

Le sieur Mathieu Brunet, marchand mercier, rue
Saint-Honoré, âgé de cinquante-sept ans, ouvrait le
feu et sa déposition servait comme de texte pour toutes les suivantes. Il représentait Deschamps tel qu'un
fini coquin, gangrené, à qui sa femme, pourtant,
n'avait jamais donné que de « bons avis ». Il faisait un
exposé copieux du martyre de Marie-Anne (1).

Louise Vanier, quarante ans, veuve de Jacques
Renaudin, maître tailleur pour dames, elle-même
femme de chambre de la Deschamps, déposait dans
les mêmes termes.

Demoiselle Marie-Jeanne Yvon, quarante ans, et
vivant de son bien, rue Saint-Honoré, témoignait
dans le même sens.

Maître Silvain Poulain-Dubourgneuf, avocat au
Parlement et ancien avocat et conseiller du Roi, cin-
quante-neuf ans, logeant rue Poupée, confirmait les
dires du sieur Brunet, son ami, avec qui il s'était
trouvé deux fois rue du Four. (Pourtant cet homme
de loi, mesuré par métier, ne s'avançait pas au delà
des sévices du mari ; il n'apportait ni appréciations
ni commentaires sur la vie du ménage Deschamps).

De même, Alexis Claudot, marchand de vins, rue
de la Huchette, qui avait assisté à la scène du 2 janvier, et encore Michel Daniel, garçon mercier chez le
sieur Brunet.

Une telle précision, un si parfait concert dans les
témoignages, ne manquaient pas d'avoir effet sur le
tribunal. Les magistrats nonobstant ne pouvaient faire
droit à la demande en séparation de Marie-Anne sans
paraître les dupes de la rhétorique fallacieuse de
Gilles Chenu. Or, si l'enquête, une enquête de douze

______

(1) Voir aux Annexes (H), la déposition *in extenso* de Mathieu
Brunet.

mois, démontrait les torts du mari, l'indignité de la
femme n'était pas moins flagrante. Donner gain de
cause à la Deschamps, ce n'était pas seulement épouser ses griefs présents contre Bursé, c'était encore
ratifier les à-côté mensongers de sa requête, c'était en
quelque sorte réhabiliter publiquement le passé de
cette pécheresse non repentie dont les désordres scan-
dalisaient Paris. Dilemme embarrassant. Les juges
en esquivaient l'alternative par une adroite échappa-
toire dont ils s'étaient, du reste, servis déjà avec
succès. C'était comme une rage, cette année-là, chez
les femmes mariées de l'espèce de Marie-Anne, de
vouloir être séparées de leurs maris : la demoiselle
Frédéric, de l'Opéra et la demoiselle Brillant, de la
Comédie-Française, avaient formé la même demande
en justice. L'arrêt avait ordonné, avant d'y faire droit,
qu'elles se retireraient pendant deux ans dans un couvent (1). Dispositif tout naturel, le couvent étant alors,
dans les situations fausses de la vie sociale, l'asile
indiqué, l'hôtel-garni décent de la femme esseulée.

Même arrêt dilatoire intervenait au mois d'août 1758
en faveur de la Deschamps, qui, par cette jurispru-
dence normande, se voyait déboutée sans l'être, et
perdait son procès tout en le gagnant. Elle préférait
renoncer à poursuivre son droit, plutôt que de subir
aussi longtemps une retraite aussi sévère. Et c'était
bien là-dessus qu'avaient compté les juges.

Cette procédure sans solution avait tout de même
du bon. Deschamps, à qui les magistrats avaient lavé
la tête au cours de l'enquête entreprise, prenait peur
des chats-fourrés et cessait de persécuter Marie-Anne.
Entre sa femme et lui, il jetait la Seine, allait gîter sur
la rive gauche, au faubourg Saint-Germain.

(1) *Livre-Journal des Evènemens remarquables* ou Mémoires
de la Lune, publié par la *Revue Rétrospective* (1899).

XXXVII

Lᴀ rue Saint-Nicaise était, en 1757, une des voies
aristocratiques de Paris. Relativement neuve,
quoiqu'elle eût changé de nom plusieurs fois déjà,
tirant toujours son appellation nouvelle de quelqu'un
de ses caractères.

A l'origine, elle se nommait rue du Rempart, parce
qu'elle avait été prise sur l'ancien rempart, en suite
d'une concession de terrains accordée par Louis XIII
à son médecin, à son maître d'hôtel, à divers secré-
taires, avec la restriction qu'ils réserveraient « une
rue allant de la galerie du Louvre à la porte Saint-
Honoré ». Sous Louis XIV, elle s'appelait rue du
Fossé-Mademoiselle à cause du fossé des fortifica-
tions, tout proche, lequel servait aussi de borne au
jardin de Mademoiselle, situé devant les Tuileries.
Sous Louis XV, enfin, elle avait emprunté à la chapelle élevée sur son côté oriental et dédiée à saint

Nicaise, le titre définitif qu'elle conserverait jusqu'à sa démolition.

On comptait rue Saint-Nicaise plusieurs bâtiments de marque. Du même bord que la chapelle, l'hôtel de Longueville, dont la façade principale donnait rue Saint-Thomas-du-Louvre ; l'hôtel de Créquy et d'Elbeuf, ancien hôtel de Coëtanfao, que la femme de Maurice-Emmanuel de Lorraine, duc d'Elbeuf, venait de faire rebâtir en 1755 ; l'hôtel d'Uzès, que possédait Charles-Emmanuel, sire de Crussol, duc d'Uzès. Le côté occidental était formé par l'hôtel Beringhen, au coin de la rue des Orties ; puis venait un espace vide, l'entrée de la place du Carrousel ; au-delà, deux maisons et le Magasin de l'Opéra ; ensuite des maisons diverses, une petite place en forme de T, etc. (1).

C'est dans une de ces deux maisons, contiguës au Magasin, que la Deschamps transférait ses pénates au mois d'octobre 1757. Sitôt le bail signé chez le notaire Mouette, elle s'attachait, toujours entêtée de dissipation, à faire de cet hôtel quelque chose d'incomparable et d'unique. Elle choisissait l'architecte Blanchard, expert-juré, qui ne soumettait pas moins de vingt-cinq plans et dessins à sa versatilité évaporée. Elle acceptait ceci, rejetait cela, y revenait, détestait le lendemain ce dont elle s'était engouée la veille. De remaniements en remaniements, elle finissait par changer l'architecte lui-même, troquait Blanchard contre Pruneau de Montlouis, qui, d'ailleurs, exécutait, à très peu près, les plans de son confrère et prédécesseur.

Tandis que, dans le jardin, le treillageur tirait le

---

(1) Ce côté ouest de la rue Saint-Nicaise fut le premier démoli, lorsque, sous le Consulat et l'Empire, furent entrepris les travaux de la réunion du Louvre aux Tuileries. Les maisons d'ailleurs avaient été fortement ébranlées par l'explosion de la machine infernale du 24 décembre 1800. Les derniers vestiges du côté est ont disparu en 1854. Voyez : A. Berty, *Topographie de Paris, quartier du Louvre et des Tuileries*, 1866, in-4°; tome 1, p. 77.

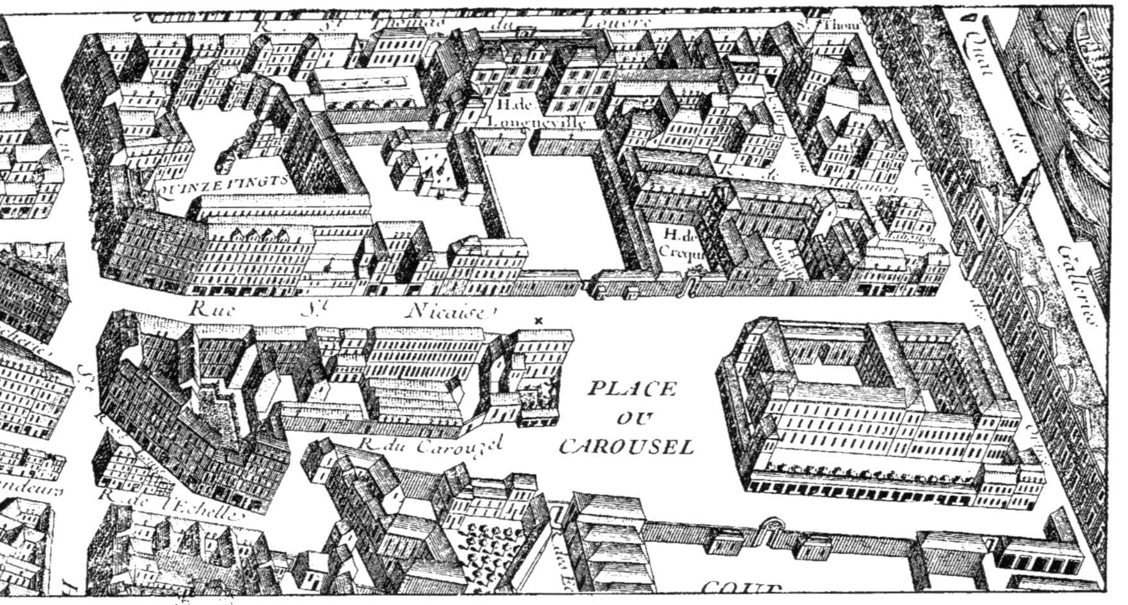

PLAN A VUE D'OISEAU DE LA RUE SAINT-NICAISE

meilleur parti de l'emplacement exigu mis à sa disposition, traçait un parterre, en petit à la mode de Versailles, étalait ici des tapis de mousse conduisant à des retraites de verdure, alignait, là, des bosquets d'essences odorantes, — dans l'hôtel, rien n'était épargné par l'architecte et le tapissier pour la splendeur du premier étage, logis de la souveraine du lieu.

Dix pièces de plain-pied, auxquelles on accédait par un escalier monumental en chêne ciré : d'une part, l'antichambre, les salons de compagnie et la salle à manger ; d'autre part, l'appartement à coucher, avec les garde robes et cabinets.

Le salon principal, à trois croisées, d'une magnificence déconcertante, et, peut-être, sans égal dans Paris ; la tenture, entière, de damas cramoisi à trois tons ; tout le meuble, fauteuils et canapés, du même damas, avec baguettes dorées, dans le grand goût ; au-dessus des fenêtres et des portes, sept glaces en trumeaux, très hautes, à bordures sculptées en palmes ; les bras et le feu de la cheminée dignes, par leur volume et leur beauté, de la demeure d'un prince ; sur les tables, à dessus de marbre, des figurines de vieux Saxe, des vases de la manufacture de Sèvres, ci-devant de Vincennes ; un ensemble prestigieux.

Un autre salon, moins grand, pour l'hiver, tendu de péquin. A la suite, un cabinet de bibliothèque. Un autre petit réduit particulier. Un boudoir, rose et argent, avec le plafond tout en miroirs ; en miroirs aussi, le coin de l'ottomane, garnie de coussins en duvet, à crépines d'or.

La salle à manger, en boiserie, rechampie, vernissée, peinte : des groupes de figures et d'oiseaux au milieu d'arbrisseaux et de roseaux en relief ; tout autour de la pièce, des statues de bronze, dressant chacune un candélabre à quatre branches, et vomissant de l'eau dans des piscines de marbre.

La chambre à coucher, à pilastres, garnie d'un lit démesuré, profond, cynique, drapé, à la polonaise, de

perse cramoisie ; les sièges de même étoffe, et, à tous
les murs, sur tous les meubles, des torchères, fixes ou
mobiles, permettant d'éclairer, de plus de cinquante
bougies, les cérémonies de la prêtresse officiant dans
le sanctuaire.

Enfin deux cabinets ouvrant sur la chambre à coucher ; l'un de toilette, l'autre de lieux à l'anglaise,
tous les deux embellis de glaces. On y admirait une
petite baignoire tout à fait intime, d'argent massif,
avec garnitures de point d'Angleterre.

XXXVIII

D'ou provenait l'argent pour ces somptuosités princières? Sinon d'un prince... Mieux encore : de
deux princes, le père et le fils; le prince de Conti et
son unique héritier, le comte de la Marche.

En quête d'un palladium contre les coups de la
mauvaise fortune, la Deschamps n'avait pas ressaisi
le duc d'Orléans, mais elle n'avait point perdu au
change en captivant son sérénissime beau-frère et
cousin, le prince de Conti. A quarante ans, Louis-
François de Bourbon avait gardé toute la verdeur de
sa jeunesse. Marie-Anne, en maturité de chair, en
pleine possession de ses talents d'amoureuse, talents
supérieurs, disait la Renommée, avait pris par les
sens ce seigneur impérieux, à l'âme indifférente et
froide, au tempérament de feu. Il se targuait (il se
vantait peut-être) d'avoir couru douze postes d'amour
en une nuit avec la Deschamps. Et depuis cette nuit
fameuse, pour louanger son exploit, il faisait frapper

le numéro 12 sur les boutons de ses culottes, de ses
habits, de ses chapeaux, marquer ses chemises au
chiffre 12 ; il voulait tout avoir par douzaine, douze
fusils, douze épées, douze couverts à sa table, douze
mets à son menu ; son trésorier lui délivrait chaque
jour douze cents livres comme argent mignon, et
quand il gratifiait quelqu'un, c'était de douze livres
ou de douze louis (1).

(1) *Vie privée et politique de Louis-François-Joseph de Conti,
prince du sang et sa Correspondance avec ses complices fugitifs,
par J. P'''*. A Turin, 1790, in-8 ; p. 35 (en note). — La *Vie privée du prince de Conti* (comte de la Marche, jusqu'en 1775), con·
tient à vrai dire, dans le détail, nombre d'inexactitudes imputa-
bles probablement à des défauts de mémoire de l'auteur. Mais
le fond du récit est exact, si l'on en juge par d'autres faits rap·
portés et très aisément vérifiables (par exemple, les amours du
comte de la Marche avec la Coraline, après que ce prince eut
quitté la Deschamps). Nous eussions aimé contrôler les indica-
tions un peu vagues du libelliste par des notes de police con-
temporaines. Malheureusement l'agent Meusnier, qui suivait de
si près les allées et venues de la Deschamps, était mort assassiné
au commencement de l'année 1757. Son successeur, l'agent
Marais, s'occupa souvent du prince de Conti et du comte de la
Marche ; mais ses rapports, pendant une période de plus de deux
ans, qui est justement celle-ci, manquent aux Archives. Voici
comment nous avons été amenés à placer, avec certitude, entre
les années 1758 et 1760, la liaison de la Deschamps avec les deux
Bourbon-Conti. L'agent Meusnier étant muet et la rupture avec
Brissart datant de janvier 1757, il était clair que la liaison était
postérieure. L'installation rue Saint-Nicaise nous indiquait une
recrudescence de prospérité qui dut coïncider avec les largesses
de Conti le père, le premier en date au dire du libelliste. Mais
cet attachement (dit le même), fut assez court et le fils succéda.
Quand? On se souvient peut être que la Deschamps avait connu
le comte de la Marche dès 1756, puisque nous l'avons signalé
parmi les convives de la Nouvelle France, chez Mercier, à la rue
de Bellefonds. Mais le comte de la Marche n'était pas en France
pendant l'été de 1757. Il guerroyait en Allemagne et prenait
part à la bataille d'Hastenbeck. En 1758, nous le retrouvons à
la bataille de Crevelt, livrée le 23 juin. Il était revenu à Paris
dans l'intervalle. De même qu'il revenait pendant l'hiver de 1758-
1759, laissant son régiment, Conti-La-Marche, prendre ses
quartiers devant Ruremonde sous le commandement par
intérim de M. de Boccard. C'est donc probablement à la fin de

Mais, précisément parce que le prince de Conti n'aimait dans la Deschamps que la femme ardente au déduit, savante en caresses, il ne pouvait, ses désirs rassasiés, s'attarder longtemps aux mêmes amours. Il était, par ailleurs, trop infatué de son rang pour faire vanité d'une maîtresse quelle qu'elle fût, et on ne l'accrochait point, comme un Brissard ou un d'Epinay, par la gloriole d'être le possesseur de la courtisane en vue.

Après avoir noblement payé, car il avait la main donnante, le prince de Conti se retirait comme il était venu, en très grand seigneur, sans un regret du cœur ni de la poche.

Tout autre que son père était Louis-François-Joseph, comte de la Marche. Né de parents trop jeunes (Conti s'était marié à seize ans), il était de complexion débile et de physique chétif, comme sa mère, Louise-Diane d'Orléans, qui était morte des suites de ses couches. Elevé par des femmes et instruit par des prêtres, usagé au mieux, timide et doux, il dissimulait un caractère un peu cauteleux sous les manières de la plus engageante courtoisie ; rien de la rudesse paternelle, encore qu'il ne fût pas sans courage et qu'il excellât à tirer les armes.

A son retour d'Allemagne, où il venait de servir avec plus d'honneur que d'éclat, sous les ordres du comte de Clermont et du maréchal d'Estrées, il s'éprenait de la Deschamps et liait partie avec elle. Marie-Anne était sa première maîtresse ; il l'aimait sincèrement, de façon plus tendre, certes, que n'avait fait son père ; mais aussi beaucoup plus par air, et par

1758 et en 1759 que le comte de La Marche entretint notre héroïne. Ces amours durèrent au plus jusqu'en 1760, époque où nous verrons la Deschamps se ranger, à court d'argent ; époque où nous verrons aussi le prince prendre une nouvelle maîtresse, la Coraline, qui lui donnera son premier enfant en 1761. Cette partie de notre ouvrage étant la seule où les documents directs nous faisaient faute, nous avons dû cerner la vérité par des rapprochements de dates.

piaffe, que par effervescence de passion ; parce qu'il était petit champion aux tournois de nuit.

Cet attachement aurait eu longue vie s'il n'eût dépendu que du prince. Il était assez constant dans ses inclinations et devait le prouver plus tard, avec une autre. Mais la Deschamps, qui toujours avait eu un faible pour le greluchon et qui, peut-être, se sentait à la veille du déclin de ses charmes, prétendait être aimée solidement. Elle s'était coiffée, depuis plusieurs mois, coiffée jusqu'aux épaules, d'un bel officier aux gardes françaises, que s'arrachaient toutes les catins de Paris. « La figure d'Adonis sur le corps d'Hercule », tel était, d'après un contemporain, le marquis de Létorière. Si sa fortune n'était point considérable, il était au moins de fort bonne noblesse ; « à toutes les grâces qu'auraient enviées les plus jolies femmes, il joignait un esprit cultivé par l'éducation, une douceur, une simplicité et un éloignement absolu de toute espèce de prétention qui le faisaient également chérir de ses camarades dans le régiment des gardes françaises et de son respectable chef, le duc de Biron » (1). Il était si connu pour être la coqueluche du beau sexe que des mésaventures bizarres en résultaient. Un jour au milieu de la foule, dans l'église des Quinze-Vingts, à la messe de midi, il se sentait pressé de flanc assez inopinément. Il se retournait avec vivacité vers son voisin qui lui disait : « Monsieur, voudriez-vous bien vous tourner de l'autre côté ? » — « Pourquoi donc, Monsieur ? » — « Puisque vous me forcez de vous l'avouer, Monsieur, je suis peintre, et mon camarade qui est dans la tribune

(1) DUGAST DU BOIS SAINT-JUST : *Paris, Versailles et les Provinces*, 1823, 3 vol. in-8 ; tome II, p. 22. Le même auteur ajoute, il est vrai : « Mais une trop grande facilité de caractère, un goût ardent pour la dissipation, le portèrent tellement à abuser de ses avantages, qu'il finit par perdre la considération que tout s'accordait à lui procurer. Quelques étourderies de jeunesse, pardonnées avec trop d'indulgence, furent peut-être la première cause des erreurs graves qui le privèrent par la suite de l'estime de son corps et de celle de son colonel. »

de gauche, chargé par une jolie dame de croquer votre portrait, me fait signe sur l'attitude dans laquelle il voudrait vous saisir. » M. de Létorière, jetant les yeux du côté indiqué, remarquait en effet un homme qui le fixait, auquel il croyait voir un crayon en main. Flatté, mais non surpris, il posait complaisamment. Quelques minutes après, son voisin murmurait : « Monsieur, je vous suis obligé ; ne vous gênez plus ; c'est fait. » — « Ah ! Monsieur, répliquait le marquis, on ne saurait être plus leste. » Le soi-disant peintre s'esquivait et M. de Létorière, se fouillant par hasard, s'apercevait que l'histoire du portrait n'avait été qu'une ruse pour lui subtiliser sa bourse, sa montre, sa boîte et tous ses bijoux (1).

La Deschamps adorait Létorière. Pour le conserver, elle était prête à toutes les oblations. Comme elle avait toujours méconnu le prix de l'argent, hormis quand il était l'heure de payer ses dettes, elle reportait sans mesure sur son athlétique amant les bienfaits dont le prince la chargeait. La vie fastueuse du jeune militaire, la détresse presque subite qui allait assaillir Marie-Anne, quelques indiscrétions du favori, qui confirmaient les soupçons que ses assiduités avaient fait naître, une lettre égarée enfin, que Létorière désavouait vainement, tout se liguait pour avertir de son infortune le comte de la Marche, qui faisait à sa maîtresse des reproches mérités. La Deschamps niait, mais c'était nier l'évidence. Et le prince offensé, sûr de n'être jamais le préféré, quittait à toujours Marie-Anne, sans la punir, sans même tirer vengeance de son rival qu'il aurait pu facilement faire exiler de Paris (2).

(1) Dugast du Bois Saint-Just : *Paris, Versailles, et les Provinces*, 1823, 3 vol. in-8 ; tome I, p. 271.

(2) Le marquis de Létorière semble prédestiné à contrarier les amours du comte de la Marche. En janvier 1762, un rapport de police de l'inspecteur Marais signale la nouvelle rivalité de l'officier avec le prince pour la demoiselle Coraline ; puis, en avril, même année, avec le comte de Rochefort, pour la demoi-

Après avoir brouillé avec leurs maris quelques
femmes de qualité qu'il avait séduites, le prince se
fixait définitivement à Coraline Véronèze, actrice des
Italiens; il avait d'elle plusieurs enfants; un seul, né
en 1761, survivait, qui devait s'appeler le chevalier de
Vauréal et devenir lieutenant-colonel du régiment de
Conti.

selle Dubois, de la Comédie-Française. En avril 1763, il va faire
un petit tour à l'Abbaye à cause de certaine indélicatesse; mais
à sa sortie, en juin, il est remis avec la Coraline. — Lorsque Létorière mourut, en 1774, les *Mémoires secrets* (dits de Bachaumont)
lui consacrèrent cette oraison funèbre : « *Le 28 mai.* Le marquis
de Létorière est mort et toutes les filles gémissent sur la perte
de ce *miroir à putains.* C'est ainsi qu'elles l'appeloient. »

XXXIX

Depuis les quelque vingt-cinq ans qu'avait été noti-
fiée « de par le Roi, défense à Dieu » de faire mira-
cle au cimetière Saint-Médard, les jansénistes de
Paris, en proie aux mouches de police, pourchassés
sans trêve, embastillés par fournées ou par charretées
et batelées expulsés du royaume, avaient vu s'éclair-
cir leur troupeau, mais n'avaient pas senti s'appau-
vrir leur foi. Comme jadis sur le tombeau du diacre
Pâris, les fervents de sa mémoire obtenaient par
l'extase des phénomènes merveilleux ; ils se livraient
à des cabrioles mystiques ; ils recevaient, sans dom-
mage ni douleur, les « secours » des coups de bûche
sur l'abdomen, des coups de maillet sur l'occiput.
Mais ces gentillesses se passaient dorénavant en chambre, à huis-clos : n'ayant pas la disposition des cata-
combes, comme avaient à Rome les premiers chré-
tiens, les derniers convulsionnaires parisiens, en
soupirant après le martyre, s'assemblaient bourgeoi-

sement, entre cour et jardin, dans des locaux écartés où quelques curieux de marque, présentés par des initiés, venaient, de leur obole, alimenter les fonds du culte. Le principal metteur en scène de cette magie au petit pied était un sieur Pierre de la Barre de Vaxville, avocat au Parlement de Rouen, où son père avait été greffier en chef. Ses dévotes l'appelaient « l'abbé » de la Barre, encore qu'il n'eût jamais été ordonné prêtre autrement qu'en imagination. C'était un grand maigre de quarante à quarante-cinq ans, osseux, le teint basané, les cheveux sans poudre : l'ascétisme de la forme était tempéré par la douceur sereine empreinte au fond de ces yeux d'illuminé, par le sourire toujours affable et bon (1). Il vivait très simplement, en compagnie de sa sœur Elisabeth et des miraculées ordinaires de ses représentations, trois pauvres créatures toutes labourées de pieuses cicatrices, Marie-Magdeleine Hesse, Catherine Lefranc, Marie Demarquet (2).

Où, quand, ce thaumaturge inoffensif avait-il hanté la Deschamps ? Comment l'avait-il investie de sa confiance jusqu'à lui conférer l'initiation ?... C'était pourtant par Marie-Anne, sur sa seule recommandation, que des gens de la première volée étaient admis, un jeudi de cet hiver (1758), à l'une des séances clandestines auxquelles présidait l'abbé de la Barre...

Le marquis Dufort de Cheverny, introducteur des ambassadeurs, avait loué à l'Opéra-Comique, pour la durée de la foire, une loge des troisièmes ; ces loges

---

(1) Grimm, Diderot, Raynal, Meister, etc. : *Correspondance littéraire, philosophique et critique*, édition M. Tourneux, 1877-82, 16 vol. in-8 ; tome IV, p. 211.

(2) Pierre de la Barre devait être arrêté quelques mois après les événements relatés en ce chapitre, le 4 avril 1760, ainsi que les quatre femmes susnommées. Mis d'abord à la Bastille sur un ordre contresigné Saint-Florentin, il fut transféré au Grand Châtelet, puis à la Conciergerie, pour être jugé au Parlement, qui le condamna, le 3 mai 1761, à neuf années de bannissement. Les femmes furent enfermées pour trois ans à l'Hôpital (Bibl. de l'Arsenal, *Archives de la Bastille*, 12.077).

étaient extrêmement courues à cause de leur grandeur et de la commodité qu'on avait d'y recevoir des invités (1). Un soir que la Deschamps, dans la salle, semblait en peine d'une place, le marquis, bien qu'il n'eût encore jamais parlé à Marie-Anne, lui proposait galamment un siège, qu'elle acceptait. Et voilà le tête-à-tête établi jusqu'à la fin du spectacle. Le diplomate s'imaginait inconnu de la danseuse, se figurait « masqué comme au bal de l'Opéra ». Mais, tout à coup, de l'air le plus folichon :

— Croyez-vous, disait la Deschamps, que si je ne vous avais pas connu pour être le camarade de M. de Lalive, je me serais hasardée à venir dans votre loge ? Peste ! les introducteurs sont dangereux. Ne voilà-t-il pas trois mois que je vis avec lui ? En vérité, c'est une œuvre de charité. J'ai voulu le remettre dans le monde et lui faire oublier sa défunte, qu'il regrettait comme si elle l'avait adoré tout seul (2). Vous, vous avez une jolie femme et vous l'aimez. Mais vous avez aimé vigoureusement autrefois. Est-ce que vous avez oublié ce bon temps ?

— Ma foi, ripostait Cheverny, vous me persiflez le plus joliment du monde ; mais je vous en remercie,

(1) Jean-Nicolas Dufort de Cheverny, né en 1731, d'une famille de robe, était riche et bien apparenté. Des cousins qu'il avait dans la maison du Roi lui avaient fait obtenir à vingt ans la place d'introducteur des ambassadeurs.

(2) Il n'est pas ici question de M. Lalive d'Epinay, à qui d'ailleurs sa femme devait survivre ; mais d'un frère du fermier-général. Lalive de Jully, introducteur des ambassadeurs, collègue de M. de Cheverny, et plus connu comme collectionneur de tableaux et graveur-amateur que comme diplomate. Né en 1725, Lalive de Jully avait épousé, en 1749. Louise-Elisabeth Chambon, âgée de vingt ans, laquelle, moins de deux ans après son mariage, le trompait ouvertement avec le chanteur Gélyotte. Elle était morte en décembre 1752 et Lalive en était resté longtemps inconsolable. Il se remaria pourtant en 1762 avec Marie-Louise de Nettine. C'est dans l'intervalle de ces deux mariages qu'il fut l'amant de la Deschamps ; plus exactement en 1757, puisqu'il n'est porté sur l'*Almanach Royal* comme introducteur des ambassadeurs qu'à partir de cette année.

car cette folie m'a fait connaître la plus jolie et la plus aimable femme de Paris.

Et le marquis ne mentait point, ne forçait pas le madrigal. Plus il examinait la Deschamps, plus il s'avouait qu'elle méritait sa fortune : « une jolie taille, un bras et une main superbes, une figure ronde, éclatante, un nez retroussé, mais bien fait, de très beaux yeux, de la grâce dans tous les mouvements et un embonpoint qui paraissait témoigner de la meilleure santé... » (1).

La causerie se prolongeait sur ce ton de badinage, puis elle tournait aux mille riens du jour, s'arrêtait sur les convulsionnaires :

— N'ont-ils pas voulu me convertir? déclarait Marie-Anne.

— Peste ! cela ne serait pas maladroit.

— En attendant, je suis initiée ; je vais à leur assemblée quand il me plaît et j'y fais aller qui je veux.

— Oh ! s'écriait Cheverny, je vous somme de ce que vous venez de dire et vous demande en grâce de me procurer ce spectacle.

— Ce que je promets, je le tiens. Soyez, jeudi, à deux heures précises, dans l'église Saint-Merry, auprès du bénitier. Vous trouverez mon frère, qui vous conduira. Ce que je vous demande, c'est de vous fier à lui et de ne vous permettre aucune plaisanterie. Vous pouvez amener un ami avec vous.

Le jour du rendez-vous, le marquis de Cheverny, après avoir conté la scène à la marquise, montait en voiture avec M. de Chailly, qu'il avait prié à dîner. Ils gagnaient Saint-Merry. C'était une heure où l'église était fort déserte. Un homme attendait près du bénitier ; vingt-cinq ans, bonne mine ; le soi-disant frère. Les deux amis suivaient ce guide, qui les menait, tourné le coin de la première rue, au carrosse de la

(1) Dufort de Cheverny, *Mémoires*, 1886, 2 vol. in-8; tome I, pp. 265 et suiv.

Deschamps. Quelqu'un y était déjà : M. Le Normand
d'Etiolles, mari de Mme de Pompadour. Présentations
faites, le carrosse volait jusqu'à la rue Saint-Martin,
vis-à-vis de la rue aux Ours.

Une maison à entrée charretière, avec un épicier;
au fond de la cour, un escalier; au troisième étage,
cinq pièces, misérablement meublées, dont deux
s'éclairaient sur les jardins. Les amis de la Deschamps,
introduits avec discrétion, prenaient place sur des
bancs qu'on leur assignait. Ils remettaient : la marquise de Coislin, née de Mailly, la duchesse de Villeroi, née d'Aumont, le duc de Fronsac, fils du maréchal de Richelieu, M. Pibrac, chirurgien fameux,
parmi quantité de bonnes femmes mal vêtues qui
coopéraient au saint-œuvre. Pierre de la Barre, en prêtre, habit noir, grand chapeau rabattu, était assis près
du cercle, donnait l'œil à tout.

On disait vêpres, que toutes les femmes psalmo-
diaient. Leur bredouillement paraissait interminable
à l'auditoire des curieux. Les exercices commençaient
par les vaticinations monotones d'une femme du commun, qui s'agitait comme une pythonisse, débitait
des prophéties sans suite en estropiant le français. A
chaque fin de phrase, elle répétait comme un refrain :
« Sion sera détruite ! Qu'on se convertisse ! N'y a pas
de temps à perdre. » Ce n'était que le prologue.

Une deuxième femme s'avançait et l'abbé de la
Barre se levait : — « Messieurs, disait-il, elle demande
du secours. » Personne ne se proposait. Alors l'abbé,
l'appuyant contre un officieux et prenant un rondin
en bûche, lui déchargeait sur les hanches et sur le
ventre des coups de ce bélier improvisé. A chaque
décharge, la secourue criait : « Ça soulage ! conti-
nuez ! » On la portait sur un lit, où ses culbutes et
sauts de carpe eussent été de la dernière indécence si
La Barre et ses acolytes n'avaient pris soin de rabattre les jupes.

A cette patiente en succédait une autre, une autre
encore, et puis une autre, un vrai défilé de démence.

Et bûchées de pleuvoir sur la chair pilonée... La dernière à secourir, celle qu'on gardait aux étrangers pour la bonne bouche, réclamait la crucifixion, à l'instar de Notre-Seigneur. On apportait clous et marteaux, on la brochetait au mur par les quatre membres, tel un putois sur une porte d'étable, tandis qu'elle gémissait, poussait des ahans lamentables, coupés de prières, en signe du soulagement qui lui venait de ce supplice. M. de Cheverny, plein d'aversion pour la souffrance d'autrui, ne pouvait supporter cet odieux tableau. Aux premiers coups de marteau, n'en voulant pas voir davantage, il se sauvait près de la porte ; un autre dégoûté l'y rejoignait ; tous deux complotaient de s'enfuir, mais ils étaient enfermés. Ils devaient attendre la levée de la séance. Enfin une femme venait faire sortir les invités qu'elle reconduisait jusque dans la cour avec une lanterne, car il était nuit noire. En descendant, quelqu'un remarquait ses pieds nus qui saignaient dans de mauvaises savates, et s'avisait de lui demander si elle n'était pas la crucifiée de tout à l'heure : — « Hélas ! monsieur, oui, c'est moi. » — « Mais comment cela ne vous empêche-t-il pas de nous rendre service ? » — « Oh ! non, monsieur, tout cela arrive par la grâce de Dieu. Et chacun lui donnait un louis, pour le mal de cœur que sa Passion avait procuré à l'assistance.

M. Le Normand rejoignait sa voiture ; M. de Cheverny, M. de Chailly et le « frère » de la Deschamps retrouvaient leur carrosse en station rue des Gravilliers. A fond de train, le fougueux attelage les tirait vers la rue Saint-Nicaise. Ils étaient guettés. La porte cochère s'ouvrait à deux battants ; un valet de chambre galonné, levant de chaque main un flambeau à deux branches, se présentait au marchepied. Deux autres domestiques gardaient l'antichambre, au premier. Après avoir traversé le grand salon cramoisi et la chambre à coucher à pilastres, le diplomate et son ami, éblouis, étaient conduits dans le boudoir plafonné de glaces, où la Deschamps, mollement couchée sur son ottomane, les accueillait le plus gracieusement. On babillait. Chailly, grand diseur de rébus, avait de l'esprit ou du moins de la mémoire et du jargon. Il divertissait Marie-Anne. Cheverny faisait en plaisantant l'inventaire de toutes les belles choses qu'il voyait, mettait sur chacun de ces trophées d'amour le nom du vaincu ; Marie-Anne riait et convenait, ou bien elle rectifiait, disait le nom véritable, circonstanciait le détail. A neuf heures, ces messieurs parlaient de prendre congé. — « Vous n'avez pas tout vu, faisait Marie-Anne ; ma salle à manger est le chef-d'œuvre ; mais je ne vous la veux montrer que lorsque vous viendrez souper avec moi. » Cheverny tombait à genoux, suppliait de montrer le chef-d'œuvre. La Deschamps se laissait fléchir et l'on passait dans le cénacle aux statues de bronze, aux piscines de marbre. Le luminaire à flots éclairait une table anglaise sur laquelle étaient dressés des fruits en glace à la manière italienne ; on soupait jusqu'à onze heures...

Et M. de Cheverny, rentrant chez lui rue d'Anjou, au faubourg Saint-Honoré, se demandait s'il ne venait pas de faire, après le cauchemar du crucifiement, un rêve délicieux, dans un palais arabe des contes de M. Galland.

XL

Presque en même temps mais pour des raisons différentes, les deux Deschamps, l'aînée et la cadette,
démissionnaient de l'Opéra et cessaient d'être portées
à l'*Almanach des Spectacles* publié par le libraire
Duchesne (1).

Deschamps l'aînée, lasse du théâtre, où elle n'avait
jamais déchaîné les bravos du parterre que par la
multitude et les feux de ses diamants quand, d'aventure, elle passait près des chandelles de la rampe;
Deschamps l'aînée, parvenue par une autre voie à
l'apogée de la célébrité et de la fortune, aspirait à
s'émanciper, à être enfin maîtresse de ses actes et de
son temps, à jouir en liberté d'un repos laborieuse-

(1) Ce double départ est de 1759. Deschamps l'aînée est encore
portée à l'*Almanach des Spectacles* de 1760 (paru fin 1759), tandis
que sa cadette n'y figure déjà plus. Mais en réalité Marie-Anne
ne danse plus à partir de septembre 1759 ainsi que le prouve le
tableau de ses rôles (Voir aux Annexes).

ment gagné. Rémission d'ailleurs relative, repos
fébrilement occupé. L'oisiveté d'une fille du monde,
quand elle donnait le ton, ne connaissait pas de loi-
sirs. Et Marie-Anne, pour n'être plus soumise aux
heures du tableau de service accroché dans le foyer
de la danse, n'en serait pas moins, très humble servante de la mode, l'esclave des plaisirs parisiens (1).
Mais, d'avance, elle acceptait ce joyeux esclavage qui
la changerait du moins des sermons et des bourrades
de Lany.

Deschamps cadette, désenchantée de l'espèce hu-
maine à dix-huit ans, se réfugiait, elle, dans un couvent pour y trouver l'apaisement du cœur et la tranquillité du corps. Depuis M. Thiroux de Montregard,
qui l'avait remplacée par Mlle Dumirey parce qu'elle
s'était laissée mettre enceinte par un conseiller de la
Chambre des Comptes, la jeune Pagès avait couru

(1) Thureau de la Morandière énumérait ainsi les obligations
mondaines et les passe-temps des filles en 1760 :
« Aujourd'hui, c'est un déjeuner au Bois de Boulogne; demain
c'est une collation à Vincennes ; le jour suivant, il est question
d'un souper en ville et, le surlendemain, d'un dîner à la campagne. Quelque temps après, c'est un voyage à Chantilly, puis
c'est une promenade à Marli. Septembre approche, on quitte la
ville. Les vendanges viennent, on court à Suresne. La Saint-
Hubert arrive, on monte à cheval et voilà qu'on galope à la
chasse. On revient à Paris dans le tems des bals ; c'est alors que
les amusemens se succèdent et qu'on a à peine le temps de dormir ; car on n'a pas plutôt fait une mascarade qu'il faut penser
tout de suite à une autre, ce qui se perpétue. Insensiblement
arrivent les Ténèbres de Longchamps, où l'on va pendant trois
jours. Ce sont là les amusemens extraordinaires. Les quotidiens
sont d'aller à Saint-Cloud, de Saint-Cloud au Palais-Royal, du
Palais-Royal on se rend aux Tuileries, des Tuileries on va à
l'Opéra, souvent le même jour on paroit à la Comédie. Et si, à
toutes ces dissipations, on ajoute la foire Saint-Roch et les Bou-
levards, c'est-à-dire les perspectives, le géant, la fameuse Hollan-
daise, le Turc, le mangeur de pierres, le joueur de gobelets,
l'escamoteur chinois, l'automate, l'enfant à deux têtes, les petits
serins, les danseurs de corde, les marionnettes et la lanterne
magique, la vie est trop courte. » (*Représentations au lieutenant-
général de police, etc.*, 1760, in-8 ; pp. 171-173).

diverses aventures, ballottée des bras adolescents du
marquis de Mégrette, premier gentilhomme de l'am-
bassade d'Espagne, aux bras virils de M. Le Normand d'Etiolles, époux mûr de Mme de Pompadour.
A ces jeux de l'amour et du hasard, elle ne s'était pas
enrichie, incapable même de sortir de son garni de la
rue des Bons-Enfants, inhabile à conquérir un mobilier. Elle avait cru toucher au port le jour que le
marquis de Bandolle l'avait prise, l'avait logée chez
lui. Mais ce seigneur était un terrible débauché,
chassant le poil et la plume, et qui non satisfait de
rendre la vie dure à ses maîtresses et de les calfeutrer,
les contraignait encore à subir des fantaisies antiphy-
siques. D'ailleurs, il en usait de même avec ses laquais.

Pagès avait alors auprès d'elle une bonne vieille
gouvernante à laquelle elle confiait ses ennuis, ses
dégoûts. Compatissante, la duègne, de qui les principes étaient selon la religion, voyait une charité méri-
toire devant Dieu dans le sauvetage de cette âme en
perdition. Elle s'en ouvrait à son confesseur, qui, lui-
même, intéressait à l'œuvre la duchesse de Nivernois.
La petite danseuse, catéchisée à l'insu de son amant,
gagnait du large, un soir, et se rendait tout droit aux
Carmélites du faubourg Saint-Jacques où elle était
attendue. M. de Bandolle remuait ciel et terre pour
la retrouver; il s'adressait, en désespoir de recherches, au lieutenant-général de police. Mais M. Bertin,
mis au fait par ses agents, approuvait les vues de la
duchesse et prévenait le luxurieux marquis que sa
maîtresse allait prendre le voile, que c'était chez elle
un parti résolu de mourir au monde. Cependant
Mme de Nivernois, appréhendant les poursuites de
M. de Bandolle, dirigeait sa protégée sur un autre
couvent, à vingt lieues de Paris; au bout de quelques
mois, elle la faisait passer chez des religieuses de
Ligny, près de Bar-le-Duc, dont la supérieure lui
était dévouée.

XLI

A la fin de l'année 1759, le Trésor royal était tari
et le Contrôleur des finances à quia. Les dépenses
de la Cour un peu, les campagnes incessantes que
soutenait le pays contre la Prusse, contre l'Angleterre,
avaient vidé les coffres de la nation. Le Roi de France
était menacé de banqueroute, et les délais qu'un
homme de comptoir sur le point de manquer demande
à ses créanciers, il les imposait, lui, à ses sujets, parce
qu'un Roi n'avait rien à demander, sinon les aides
dues.

Au mois d'octobre, par arrêt du conseil, il suspen-
dait pour un an le paiement des rescriptions sur les
recettes générales, n'accordant aux porteurs de titres
qu'un intérêt de cinq pour cent pour les dédomma-
ger du retard. Pareillement suspendus, les rembour-
sements de capitaux à faire tant au Trésor royal qu'à
la Caisse des amortissements. En novembre, Louis XV
avait recours aux grands moyens, à ceux qu'on regar-

dait comme la dernière ressource dans les calamités publiques. Par une déclaration solennelle, il adressait un appel pressant à la libéralité des Français, à leur patriotisme, et, sans contraindre personne, il invitait et exhortait les bons citoyens à porter leur vaiselle d'argent, plate ou montée, au directeur de l'Hôtel des Monnaies, pour fournir des espèces à l'Etat (1).

Les grands du royaume prêchaient d'exemple : Mme de Pompadour, le duc d'Orléans, le maréchal de Belle-Isle, le duc de Choiseul et les autres ministres s'empressaient d'obtempérer à l'invitation royale, aussitôt imités par toutes les personnes de quelque distinction. Les gens simplement riches demeuraient dans l'incertitude. Mais la possibilité de se servir de vaisselle d'argent, quand les plus gros seigneurs mangeaient dans de la faïence ! Et la contagion gagnait de proche en proche, jusqu'à la bourgeoisie. Tout le monde voulait posséder le récépissé délivré par la Monnaie, récépissé qui mentionnait la quantité remise en marcs, en onces, en grains ; tout le monde avait à cœur de se cataloguer sujet fidèle, aimant à obliger son Roi.

Les gazettes encourageaient l'émulation, imprimaient les noms des donateurs ; en sorte que le sacrifice consenti devenait, pour les actrices et les filles, un adjuvant utile de notoriété, un instrument d'ostentation.

La Deschamps ne résistait pas à l'entraînement général, au désir de paraître. Le 12 novembre, elle déposait son offrande sur l'autel de la patrie ; elle faisait convoyer à la Monnaie partie de sa vaisselle, se montant à quarante-cinq marcs, six onces et deux grains.

Lorsque le *Mercure* du mois de janvier (1760) publiait la liste des donatrices appartenant au théâ-

____

(1) Barbier : *Journal anecdotique du règne de Louis XV*, 1847-1856, 4 vol. in-8 ; tome IV, p. 333.

tre, elle s'apercevait un peu tard qu'elle avait eu tort
de lésiner et quelle arrivait en mauvaise place dans
cette course de vanité. Mlle Le Duc avait fait porter
deux cent trois marcs ; Mlle Mainville, deux cent
deux ; Mlle Quinault l'aînée, cent soixante-dix ; Mlle
Rinteau de Verrières la cadette, cent trente-quatre ;
Mlle Clairon, cent trente et un ; Mlle Hus, cent sept ;
Mlle Lany, cinquante-huit ; Mlle Liard-Davot, cinquante
sept ; Mlle Briseval, quarante-quatre ; Mme Drouin,
trente-deux seulement, mais en y ajoutant six onces,
deux grains et demi de vaiselle d'or.

Marie-Anne aurait certainement donné davantage
si elle avait su que son envoi la colloquerait vers les
derniers rangs des bonnes citoyennes de la galanterie.

XLII

L^A Deschamps n'avait pas de chance avec ses architectes, qui s'efforçaient de l'écorcher et surfai-
saient leurs prix. Les architectes tombaient mal avec
la Deschamps, qui s'était imposé la loi de ne jamais
payer que contrainte et forcée.

Pruneau de Montlouis, celui qui avait réalisé, rue
Saint-Nicaise, les plans conçus par Blanchard, Pruneau avait procuré à Marie-Anne, pour l'embellissement du jardin, un treillageur-paysagiste, nommé
Leroy, lequel avait convenu d'un forfait de cinq cents
livres au plus pour l'ensemble de la besogne. Les
travaux terminés, Leroy présentait un mémoire de
quinze cents livres. Cette surprise du triple soulevait
les réclamations de la Deschamps qui priait Pruneau
de vérifier le mémoire et de le régler au maximum
stipulé. Pruneau acceptait et rapportait, après vérification, une note réduite de près de moitié, qui se
montait encore à quatorze cent quatre-vingt-huit

livres. Phénomène d'arithmétique inexplicable de prime abord, mais qui, à la revue, s'expliquait très bien par le fait que les deux compères, architecte et treillageur, avaient, de connivence, enflé jusqu'à deux mille huit cent cinquante francs les quinze cents francs primitifs, en majorant tous les prix un à un ; après quoi, ils avaient pratiqué de fictifs rabais.

Ruse grossière, Marie-Anne, à qui l'on ne donnait point de la gabatine, constatait la fourberie, traitait Pruneau de fripon. Pruneau, découvert, s'indignait, montait sur ses grands chevaux, essayait surtout d'arracher des mains de Marie-Anne le compromettant mémoire aux chiffres falsifiés. Marie-Anne appelait à son secours. Accourait M. de Létorière qui ordonnait aux domestiques de jeter Pruneau dans l'escalier. Pruneau tirait l'épée, innocent ornement de sa cuisse gauche, mais il était tout de même rossé par la valetaille et poursuivi jusque dans la rue. Dès le même soir il portait sa plainte au commissaire Grimperel ; la Deschamps rendait la sienne à son ordinaire confident Gilles Chenu (1).

Avec Blanchard, son premier architecte, Marie-Anne n'était guère plus heureuse. Blanchard avait reçu douze louis pour ses plans et dessins. Evincé dans l'exécution par Pruneau, il réclamait un supplément de quatorze cents livres, prétendant que les douze louis n'étaient qu'un acompte. L'affaire, évoquée par lui au mois d'octobre 1757 devant les juges du Châtelet, traînait deux ans et demi. Blanchard, finalement, perdait. Mais, battu en première instance, il en appelait au Parlement, faisait imprimer et distribuer (avril 1760) un Mémoire judiciaire, petit chef-d'œuvre d'ironie, qui donnait à rire à tous ceux qui connaissaient la Deschamps :

(1) Voir aux Annexes (I), ces deux plaintes qui exposent l'affaire en détail.

Mémoire pour le sieur Blanchard, architecte-juré-expert, contre la demoiselle Deschamps, actrice de l'Académie royale de Musique, femme séparée de biens et d'habitation du sieur Jean-Baptiste Burzé-Deschamps, son mari, et contre le sieur Burzé-Deschamps, ci-devant acteur à l'Opéra-Comique, mis en cause pour la validité de la procédure.

Le luxe de la demoiselle Deschamps est l'étonnement de tout Paris. Les mines de Golconde ont été épuisées pour elle ; l'or germe sous ses pas ; et les arts à l'envi ont fait de son habitation un palais enchanté. Néanmoins la demoiselle Deschamps doit, et elle ne paye pas. Est-ce un privilège de son état ? Ou, dans le séjour de l'illusion, passe-t-il pour ridicule qu'un citoyen demande ce qui lui est dû ?

Tel est le cas où se trouve le sieur Blanchard vis-à-vis de la demoiselle Deschamps. Choisi par elle pour son architecte, pour ordonner les ornemens, ou, pour mieux dire, les superfluités de son logement, il a dressé des plans, il les a rédigés, il a suivi leur exécution. Le goût change pour les choses comme pour les personnes ; un moment de caprice en décide. Il a fallu faire, refaire, augmenter, diminuer, corriger, perfectionner. Que de travaux, de démarches, n'en a-t-il pas coûté au sieur Blanchard, pour des objets de pure fantaisie ! Il a présenté son Mémoire, mais la demoiselle Deschamps n'en connoit pas. Elle est dans l'habitude plus certaine de se faire payer comptant. Le sieur Blanchard a reçu un à-compte, il a demandé le payement du surplus. Sa proposition a été trouvée incivile.

Et de là est née l'affaire.

Elle a été jugée au Châtelet et d'une manière bien singulière. On en a fait dépendre l'événement, non de l'affirmation de la demoiselle Deschamps, qui a commandé personnellement les ouvrages, mais de celle de son mari avec lequel elle ne vit pas, et à qui ces ouvrages sont aussi étrangers qu'il l'est peut-être à elle-même.

FAIT. — Marie-Anne Pagès, femme Deschamps, a commencé sa carrière dans le monde par être danseuse à l'Opéra-Comique. Elle était réservée pour un plus grand théâtre. A peine fut-elle entrée à l'Académie royale de Musique, qu'elle attacha à son char ses propres vainqueurs. Elle éleva des trophées sur les débris de leur fortune. Semblable à cette esclave qui s'étoit couronnée elle-même, nouvelle parvenue, elle n'étoit plus faite pour demeurer sous d'humbles toits. Du réduit obscur d'une petite maison, rue du Four Saint-Honoré, elle passa en 1757, sous les auspices de sa bonne fortune, dans une grande maison, rue Saint-Nicaise. Les appartemens en étoient décens, il falloit qu'ils fussent superbes.

L'architecture est un art libéral des plus estimables. Qu'on se rappelle qu'il est né des Vitruve, des Michel-Ange, des Perrault, des Mansard, et tous les autres illustres de notre siècle. Par les ouvrages de ces grands maîtres, on doit juger de l'excellence de leur profession. Il ne seroit pas étonnant que la demoiselle Deschamps, dans un état presque méchanique, dont le principal mérite ne consiste que dans la souplesse et l'agilité, ne sçut pas apprécier celui d'un Art qui n'est que l'enfant du génie.

Le sieur Blanchard est architecte-juré-expert. Il fut indiqué à la demoiselle Deschamps comme capable de faire, avec une somptuosité réglée par le goût, les distributions et les embellissemens de sa nouvelle maison. Il fut d'abord question d'en faire un état général, et cet état a été annexé à la minute de son bail. Il n'y eut point de prix convenu. Il eût été difficile, et même comme impossible, de déterminer sur un premier coup d'œil, le travail et la dépense, pour un logement où l'on ne vouloit rien épargner. C'étoit traiter avec distinction la demoiselle Deschamps. Elle doit elle-même l'avoir éprouvé : il y a quelquefois de l'avantage à s'abandonner, sans marché, à la générosité des personnes à qui l'on a affaire. Le sieur Blanchard présenta différens plans. Tous étoient d'une composition ingénieuse. Il y en eut d'agréés ; on travailla en conséquence. L'ouvrage fut conduit avec assez de promptitude. Quoiqu'on y eût employé quatre mois entiers, on ne pouvoit pas néanmoins juger encore de son effet. Mais est-on toujours constant dans ses résolutions ? Il y a une sorte de plaisir à changer. La demoiselle Deschamps ne voulut point du plan arrêté *que des ouvriers avoient commencé d'exécuter*. Il en fut fait un autre, et on recommença.

Ce nouveau plan étoit conduit jusqu'à sa perfection, lorsque des raisons particulières engagèrent la demoiselle Deschamps à suspendre les ouvrages..... Mais ne pouvant se passer de faire exécuter ce qu'elle avoit projetté pour l'embellissement et la propreté de sa maison (nous ne parlons que d'après elle), elle s'adressa à un autre architecte que Blanchard, duquel on fut obligé d'abandonner les plans et les idées.

Heureusement pour la justification du sieur Blanchard que ses idées ont été réalisées et que ses plans existent. Le second architecte dont la demoiselle Deschamps s'est servie, n'a fait qu'exécuter ce qui étoit à achever. Qu'on visite les lieux, et on y trouvera que les ouvrages existans encore dans la maison, sont exactement conformes aux plans du sieur Blanchard. La magnificence et les détails en sont admirables. Tout y est de la plus grande et de la plus rare composition. Et ce qui est bien singulier, c'est que la demoiselle Deschamps a fait des dépenses aussi extraordinaires dans une maison dont le fonds ne lui appartient pas. Qu'on juge par là de son œconomie! (*Stultitiam patiuntur opes*).

Le sieur Blanchard avoit reçu de la demoiselle Deschamps douze louis d'or : ce n'étoit qu'un à-compte. Elle ne prouvera point qu'il s'en soit contenté. On oppose une lettre, nous la discuterons, et on verra qu'il n'en résulte rien.

Toutes les fois que le sieur Blanchard s'est transporté, pendant quatre mois, au logis de la demoiselle Deschamps, il n'y a vu que des hommes de tous les états. Par leur concours et par les attentions continuelles qu'ils lui marquoient, ils ne donnoient pas lieu de penser qu'aucun d'eux fût son mari. Il est dans les mariages une indifférence extérieure, qui dans ce siècle, est comme de bienséance ; et il ne parois-soit pas qu'elle régnât dans les entours de la demoiselle Deschamps. Le sieur Blanchard n'a point traité avec le sieur Deschamps ; celui-ci ne lui a rien commandé. Isolé, ayant rompu toute union avec son épouse, logeant chez un apothicaire, au second étage, dans un quartier éloigné d'elle, rue de Grenelle, fauxbourg Saint-Germain, on sent qu'il importoit peu au sieur Deschamps de se mêler du logement particulier de sa femme. Elle s'annonce elle-même comme étant *séparée de biens et d'habitation* avec lui, et nous apprendrons de plus au public que cette séparation a été prononcée l'an passé par un arrêt de la première Chambre des Enquêtes. Il y a eu le cérémonial ordonné à la demoiselle Deschamps de se retirer dans un couvent. Elle a trouvé cette disposition si singulière, si peu conforme à sa façon de vivre, qu'elle n'a pas cru devoir l'exécuter.

Ces faits ne sont pas aussi indifférens qu'ils le paroissent d'abord : ils ont servi au sieur Blanchard pour diriger sa procédure. On a observé que la demoiselle Deschamps lui avoit donné douze louis d'or à-compte ; elle lui devoit le surplus. Il a bien voulu se restreindre à 1.400 livres non compris l'à-compte de douze louis d'or ; ou à la juste estimation de ses plans, de ses travaux, et de ses déboursés pour voitures, etc. Il s'est pourvu contre elle au Châtelet.

Le sieur Deschamps, son mari, n'a été mis en cause que *pour la validité de la Procédure faite et à faire contr'elle pour raison de l'assignation qui lui sera donnée cejourd'hui 21 octobre 1757.* C'est ainsi que parle l'exploit. Mais ce qui est singulier c'est qu'on a laissé comme à l'écart la demoiselle Deschamps qui, seule, a mis en œuvre le sieur Blanchard. Le mari s'est montré. Et lui qui n'a nullement traité avec le sieur Blanchard, qui ne lui a rien ordonné, qui ne demeure point avec son épouse, l'a seul défendue. Trait admirable dans un mari avec lequel une femme étoit dans les termes d'une séparation de corps et d'habitation !

Il est intervenu, le 5 novembre 1757, une première sentence qui a ordonné que le sieur Blanchard *donneroit un mémoire détaillé de ce qu'il prétendoit lui être dû* et le dépôt de 25 plans et dessins, préjugé qui sembloit promettre au sieur Blanchard un autre événement que celui qu'a eu sa cause. Elle a été jugée par sentence du 23 décembre 1757, qui a déchargé le sieur Deschamps de la demande du sieur Blanchard, en affirmant par le premier que pour tous les ouvrages et leur conduite, il lui a donné douze louis d'or, et que le sieur Blanchard *s'en est contenté,* avec dépens en cas d'affirmation. Il y a appel de cette sentence. Depuis l'appel, la demoiselle Deschamps a elle-même trouvé mauvais qu'on eut procédé contre son mari, *qu'elle ignoroit pourquoi, et à quelle occasion, la sentence du 23 décembre 1757 avoit été rendue.* C'est ce qui a autorisé le sieur Blanchard à assigner la demoiselle Deschamps pour voir déclarer commun avec elle l'arrêt qui interviendroit. Il a en même tems conclu à la nullité de la sentence et de la procédure faite par le sieur Deschamps. Nous n'avons donc aujourd'hui pour unique partie que son épouse. Et voici quels sont nos moyens.

MOYENS. — Les actrices de l'Académie royale de Musique, sont des espèces d'êtres privilégiés et presque indéfinissables. Inutiles, et malheureusement regardées comme nécessaires, moins autorisées que protégées, le gouvernement politique, et non la Législation, les tolère. Isolées au milieu de cette société civile, elles régnent dans une sphère qui est séparée de toute autre. La nature, la puissance paternelle et maritale ont comme perdu leurs droits sur elles. Elles n'ap-

partiennent ni à parens, ni à époux ; elles ne dépendent en
quelque sorte que d'elles-mêmes. Leurs engagemens plutôt
formés par l'intérêt ou la fantaisie que par le goût et que par
un rapport légitime de sentimens, ne sont jamais de longue
durée. Hercule filoit auprès d'Omphale ; il ne lui en coûta
qu'un peu de sa gloire. Chez les demoiselles de l'Opéra, c'est
Plutus qui tourne le fuseau, mais le fil se rompt dès que l'or
manque au creuset. Le public peut y être souvent trompé. Il
prendra pour mari celui qui vit avec une actrice, parce qu'il
le voit traité maritalement. Ou à en juger par certaines apparences, il ignorera s'il y a véritablement un mari. Sans bles-
ser cette espèce d'orgueil que leur inspirent la singularité de
leur état, et les charmes de leur talent, nous seroit-il permis
de comparer les actrices de l'Académie royale de Musique,
aux Marchandes publiques ? Qu'elles ne s'offensent point de
notre comparaison ! prouvons-en la justesse, puisqu'elle nous
fournit un moyen. Qu'est-ce qu'une marchande publique ?
Notre loi municipale nous le dit. C'est une femme qui fait
un commerce distinct de celui ou de l'état de son mari. Elle
peut contracter, prendre des engagemens, avoir une habitation séparée. L'autorisation du mari est toujours présumée.

Ne seroit-ce que relativement aux faits de son commerce ?
Mais une actrice de l'Académie royale de Musique a celui de
son talent, qui lui est utile. Elle vend le droit qu'il lui donne
de plaire et d'amuser : il n'a peut-être qu'une valeur d'opinion, mais souvent il la mène par degré à une espèce de rang
qui la fait marcher presque à côté de l'état le mieux décidé.
Une actrice de l'Académie royale de Musique tient du Pro-
thée. Elle prend arbitrairement, vis-à-vis de la société civile,
autant de formes qu'elle change quelquefois, sur le théâtre,
d'habits et de rolles différens. Si oubliant sa famille ou son
mari, elle ne porte qu'un nom de fantaisie, à chaque acte de
la vie civile qu'on passera avec elle, lui faudra-t-il faire des
difficultés ? Tout homme qu'elle voudra employer pour les
choses d'usage ou de consommation, sera-t-il dans le cas de
l'interroger ou de s'informer si elle est mariée ou non ? Et si
cette question importune n'a pas été faite, l'artiste, le marchand, ou l'artisan, perdra-t-il son dû ? Notre espèce est singulière. Elle offre une exception si journalière, qu'on ne doit
pas la décider par ce qu'on appelle *strictum jus,* droit
étroit, vis-à-vis d'une sorte de personnes qui n'est pas faite
elle-même pour le connoître.

Pourvoir à ce que le public ne soit pas trompé, c'est ce

qu'exige une bonne police. Le magistrat est établi pour maintenir la loi, mais non pas pour permettre qu'on en abuse. Tout ce qui est du ressort du commerce ne va pas sans la bonne foi. Retenir l'honoraire d'un artiste, ou le salaire d'un ouvrier, ou le prix d'une marchandise achetée, c'est une injustice et la loi n'est point faite pour la protéger. Le commerce des affaires seroit sans activité, s'il n'étoit soutenu par la liberté et la confiance. Quelle a dû être celle du sieur Blanchard, lorsque la demoiselle Deschamps s'est adressée pour la première fois à lui, pour l'ordonnance et la distribution des appartemens et du jardin de sa maison rue Saint-Nicaise ? Elle venoit d'en passer le bail *seule et en son nom,* devant Mouette, notaire. Elle quittoit une autre maison rue du Four, qu'elle occupoit aussi seule : point de mari qui demeurât avec elle Il est bien constant que le sieur Deschamp étoit alors logé *rue de Grenelle, Fauxbourg-Saint-Germain.* Tout l'annonçoit comme maîtresse absolue de ses droits.

Les sujets du Roi sont invités, pour pourvoir aux besoins pressans de l'Etat, à porter leur argenterie à l'Hôtel des Monnoyes. La demoiselle Deschamps s'empresse de satisfaire à cette invitation. Etoit-ce patriotisme, ostentation ou inquiétude ? Qu'importe ! Aux bonnes actions il faut toujours attribuer les meilleurs motifs. Mais est-ce le mari qui est inscrit sur la liste qui a été imprimée ? Non, c'est la *demoiselle Deschamps.* Dans l'état d'indépendance où elle vit, le mari n'est toujours que derrière la toile : elle seule paroit.

C'est ainsi que les choses se sont passées à l'égard du sieur Blanchard. La demoiselle Deschamps vivant séparément de son mari, l'appelle. Elle lui dit ses intentions. Elle vouloit du moderne, du recherché, du fini. Il travaille en conséquence. Il fait jusqu'à 25 plans, ils sont actuellement en notre possession. Plus amateur des arts que connoisseur, nous les avons montrés aux maîtres, aux gens de goût : ils les ont trouvés de la plus riche composition, et dans les belles proportions. Le sieur Blanchard, imitateur des grands auteurs, pourra un jour prétendre à une réputation distinguée. Le détail de tout ce qui s'est exécuté sous ses ordres et par ses soins est immense.

L'anti-chambre est d'une simplicité élégante. Rien n'est comparable à la salle à manger. La boiserie vernissée et rechampie est extrêmement recherchée. Ce qui y est le plus admirable, ce sont des groupes de figures et d'oiseaux et des sites d'arbrisseaux et de roseaux en relief, analogues au sujet. Deux grands sallons de compagnie, l'un pour l'hiver, l'autre pour l'été, où la magnificence est alliée avec le goût. Une chambre à coucher qui, dans la mythologie, eût passé pour le Temple de la Volupté. Les peintures et l'ameublement répondent à la beauté de chaque appartement.

Nous ne parlons point des accessoires, des accompagnemens de ces grandes pièces, des cabinets intérieurs, des boudoirs, de la bibliothèque. La demoiselle Deschamps a tous les goûts. On ne doit pas désespérer de voir au premier jour de ses productions.

Le jardin est d'une exécution correcte. Il y règne la plus grande variété. Le parterre, quoique réduit, est dessiné dans la grande manière. A sa suite on voit d'un côté des tapis de verdure qui conduisent à des retraites charmantes. De l'autre côté sont des bosquets odoriférans, où tout inspire le sentiment que la nature est belle quand elle est caressée par l'art ! En un mot on ne s'attend qu'à voir une maison particulière et l'on trouve un palais.

La description n'est point exagérée. Notre faible pinceau est ici au-dessous de son sujet. Douze louis d'or à un architecte, pour tant de desseins et de travaux, qui a employé quatre mois entiers de son tems, sans compter les voitures qu'il lui en a coûté, et l'assujettissement nécessaire sur les ouvriers : Est-ce là un payement? est-il proportionné à l'idée que la demoiselle Deschamps a donné elle-même de sa magnificence : c'est le public qu'on en rend juge.

Y a-t-il le moindre acte, le moindre écrit, qui prouve que le sieur Blanchard *se soit contenté* de cette somme ; c'est certainement ce que son mari et elle sont hors d'état de justifier. Elle est convenue elle-même *qu'elle s'adressa au sieur Blanchard, qu'elle l'avoit occupé à faire différens états de réparations et d'augmentations et même à tracer des desseins.* Voilà un aveu bien constant. Il lui plaît ensuite de changer d'architecte. Elle étoit libre à cet égard. Elle donne douze louis au sieur Blanchard La demoiselle Deschamps prétend qu'il *en parut fort content.* Doit-on l'en croire, parce qu'elle le dit ? La preuve du contraire se tire de la conduite qu'il a tenue, et de celle même de la demoiselle Deschamps. Tout ceci s'est passé en 1757, et dès le 21 octobre de la même année, elle a été assignée au Châtelet en payement d'une somme de 1400 livres, faisant avec 288 livres reçues à-compte celle de 1600 livres Est-ce un *homme content* que celui qui

se pourvoit en justice, sur le refus qu'on lui a fait de le satisfaire ?

Aussi ne voit-on pas qu'il ait été opposé aucune fin de
non-recevoir au sieur Blanchard. On ne lui a point dit au Châtelet : *Vous êtes payé, vous n'avez rien à demander*. Au
contraire, il a été rendu le 5 novembre 1757, une première
sentence qui a ordonné que les plans et desseins seroient
communiqués. Ni la demoiselle Deschamps, ni son mari ne
se sont point plaints de cette sentence. Ils l'ont pleinement
exécutée. En prenant au greffe communication de ces plans
et desseins, c'est les avoir reconnus, c'est les avoir agréés.
Qui auroit eu soldé, auroit tenu dès le commencement de la
procédure un langage tout différent. Il auroit dit : *Vous êtes
non-recevable*.

Il est vrai qu'il y a une lettre du sieur Blanchard du 13 mai
1758. Mais qu'on fasse attention à cette circonstance, elle n'a
été écrite qu'après la contestation engagée. Il représente à la
demoiselle Deschamps qu'il lui a été *désagréable de se voir
changé*. L'amour-propre voit et souffre toujours avec peine
une préférence. Le sieur Blanchard lui rappelle ses services,
qu'il seroit flatté de les continuer *pour une personne de son
goût*. Il lui parle avec politesse. N'en est-il pas dû à tout le
beau sexe? Mais il finit la lettre par la prier *de vouloir bien
lui rendre justice*. C'est donc une preuve qu'il n'étoit pas
content de ce qui lui avoit été payé à-compte, qu'il ne plai-
doit que pour obtenir le restant de ce qui lui est dû.

La demoiselle Deschamps n'ayant point répondu à la lettre,
les poursuites ont été continuées. On en est venu au jugement
définitif. Il décharge le sieur Deschamps de la demande du
sieur Blanchard, en affirmant par le premier, que pour tous
les ouvrages en question et leur conduite, il a été payé au
sieur Blanchard douze louis d'or, et *qu'il s'en est contenté*.

Que ce jugement est bizarre ! qu'il est injuste ! Toutes ses
dispositions sont insoutenables. Nous allons le démontrer.

1° Pourquoi le sieur Deschamps est-il déchargé? il n'a rien
commandé au sieur Blanchard ; celui-ci n'a eu nullement
affaire à lui ; les ouvrages lui sont étrangers. Le sieur Blanchard ne l'a mis en cause que *pour la validité de la procédure*, parce qu'une femme mariée ne peut ester en jugement
sans l'assistance de son mari. Et néanmoins la femme qui vit
séparément du mari, qui est même aujourd'hui séparée de
biens et de corps avec lui, et à qui il avoit été enjoint de se

retirer dans un couvent, obtient sous le nom de son mari, sa
décharge pour des faits qui lui sont personnels.

2⁰ On défère l'affirmation au mari. Mais l'affirmation n'est
que l'assertion d'un fait qui est personnel à la partie qui
affirme. Et comment le sieur Deschamps peut-il avoir le
serment décisoire, pour ce qu'il convient lui-même *ne l'avoir
pas regardé ?*

3⁰ Chose inouïe en Justice ! On rend le sieur Deschamps,
par son affirmation, juge *d'une intention*, que le sieur Blanchard *s'est contenté des douze louis d'or*. Mais qui peut
pénétrer dans la pensée d'autrui ? Les sentimens intérieurs
d'un homme doivent-ils être mis à la merci d'un autre qui
est intéressé à lui prêter une volonté qu'il n'a point eue ?

4⁰ C'est avec regret que nous allons proposer ce dernier
moyen. Il en coûte à notre modération : mais nous nous
devons à la nécessité d'une juste défense. Dans la rigueur de
notre Droit, et elle étoit la même chez les Romains, *qui artis
ludicræ, pronunciandive causâ in scœnam prodierit, infa·
miâ notatur ;* suivant leurs mœurs et les nôtres, toute personne de théâtre est *turpis persona.* Aussi dans les tribunaux
n'en reçoit-on pas l'affirmation. Elle appartient de droit à la
partie qui plaide contre eux. Le sieur Deschamps a été
acteur à l'Opéra-Comique, cela est notoire ; la demoiselle
Deschamps y a été aussi actrice ; et elle l'est encore de l'Académie royale de Musique ; elle ne le conteste pas. D'ailleurs
qu'est-elle ? le sieur Blanchard jouit de la plénitude de l'état
de citoyen. S'il y avoit une affirmation à déférer, c'étoit à lui
à qui incontestablement elle étoit due. Est-il véritable ou non
qu'il se soit *contenté* des douze louis d'or ? Il n'y a que sa
propre conscience à interroger sur ce point. Au reste le sieur
Blanchard ne veut pas pour le présent qu'on l'en croye, il
demande au préalable une estimation ·de ses plans et desseins ; ils ont été communiqués au Châtelet, ils existent, les
ouvrages doivent exister aussi. Qu'on les estime, qu'on les
apprécie, et il s'en tiendra à l'estimation. Ni l'une ni l'autre
des parties ne sera lezée.

Mais les circonstances exigent que la visite soit faite
promptement. Nous apprenons un événement qui doit sur-
prendre tout Paris. Que les choses humaines ont d'instabi-
lité ! La demoiselle Deschamps se met à la réforme. Sa maison rue St-Nicaise est à louer. On vend actuellement son
superbe mobilier. Quelle étrange révolution ! ne cherchons
point à en approfondir la cause. Peut-être la demoiselle Des-

champs, dans la retraite qu'elle médite, deviendra-t-elle plus équitable ? L'excessive opulence souvent énerve les sentimens : l'honnête médiocrité ne connoit que l'honneur.

Mᵉ Carsillier, *avocat*; Guiet, *procureur* (1).

Ce Mémoire, si cinglant par les sous-entendus de sa phraséologie avocassière, obtenait un succès fou. Barbier le signalait dans son *Journal* et Bastide écrivait à une correspondante imaginaire : « Lisez, Madame, le Mémoire qui vient de paraître contre une danseuse de l'Opéra ; c'est un de ceux que j'aie vus où la satyre et l'ironie soient plus épargnés ; cependant je me persuade que vous ne voudrez plus plaider après que vous l'aurez parcouru » (2).

(1) *Mémoire pour le sieur Blanchard, etc., etc...* (Paris), Imprimerie de L. Cellot, 1760, in-4.
(2) Bastide, *Le Monde comme il est* (Feuille du 13 mai 1760).

XLIII

Vᴇʀs M. de Létorière, la Deschamps avait canalisé
le gros flot du Pactole des Conti. Mais le fleuve
était en outre soumis à des infiltrations souterraines,
à des pertes obscures, et capté par les dérivations
ténébreuses d'un tas de gens de service. Marie-Anne
était plus capable de vingt intrigues que de conduite
rectiligne et d'administration quotidienne ; son génie
impromptu ne se moulait pas dans les longues pa-
tiences ; habile aux coups audacieux, elle était mal-
propre à l'ordre habituel, confondait jeter et semer,
ignorait qu'il y eût des greniers d'argent. A Létorière,
aux domestiques, s'ajoutaient les créanciers ; les
anciens, exaspérants avec leurs litanies périodiques,
réclamant, plutôt deux fois qu'une, pour des travaux
spéciaux et mal tarifables, sujets à litige ; les nouveaux, parfois naïfs, plus souvent filous, tous déniaisés
rapidement, flattés de fournir, mais devenant, aussitôt qu'ils avaient connu le dérèglement de la maison,

tenaces à sucer. Enfin, dans les premiers mois de
1760, au plein de cette interminable guerre prus-
sienne, longue de quatre ans déjà sans espoir de paix
prochaine, la misère des temps était grande, les affaires allaient au plus mal ; et la Deschamps, tout comme
son Roi, pâtissait de la crise. Les étrangers désertant
Paris, les appâts internationaux de Marie-Anne ne
fournissaient plus leur rendement ordinaire. Telle
était du moins l'hypothèse de Barbier : « Apparemment que, continuant le même train et la même
dépense, Mlle Deschamps a contracté des dettes et
qu'elle s'est vue un peu embarrassée de ses créanciers... »

Quoi qu'il en fût, Marie-Anne, pour éviter les poursuites et les coûteuses procédures, prenait en avril
l'héroïque décision de faire vendre elle-même, à la
criée, ses meubles et effets précieux. « Cette vente de
meubles a commencé le 11 de ce mois et il n'a été
question d'abord que de la batterie de cuisine, des
lits de domestiques, de linge et de meubles de peu de
conséquence... Enfin, mardi 15. a commencé la vente
des porcelaines et des raretés » (1).

C'étaient ces raretés que les collectionneurs vou-
laient examiner, et palper, et conquérir au prix d'enchères dévotieuses. Mais la Deschamps, largement,
ayant, dès le 11 avril, admis le public à visiter son
hôtel, même les appartements privés, il y avait foule
dans toutes les pièces ; et les moins déterminés à
acheter n'étaient pas les moins empressés à venir
voir. Quel plaisir délicat, en effet, pour ce bourgeois
pansu, d'asseoir son postère dans le même fauteuil
que des princes du sang ! Quel divertissement prude,
pour cette baillive indignée, d'écarquiller ses gros
yeux sur l'effronterie d'une courtisane aux jours et
aux nuits tissés d'or ! Quelle joie maligne, pour le
gazetier, de rappeler d'un mot, à mi-voix, tout en se

(1) Barbier, *Journal anecdotique du règne de Louis XV*, 1847-56,
4 vol. in-8 ; tome IV, pp. 342-343.

faufilant dans la cohue, les cascades de la dame de céans ! L'homme sensible, lui-même, qui s'en allait méditer sous les ombrages du Cours la Reine quelque page de la *Nouvelle Héloïse*, avait fait un crochet, suivi le monde, et reconnaissait dans de telles magnificences le fruit malsain de la débauche, dans le concours de tant d'exclamations le déshonneur de nos mœurs. Avec un économiste, rencontré dans l'antichambre, il déplorait, par phrases sentencieuses, la mauvaise distribution des richesses en des mains que Quesnay eût certainement déclarées « stériles ». Et le flâneur galantin gagnait à cette visite, régal de la vue, l'agrément de contempler chez elle « Mlle Deschamps, vêtue de bon goût, en robe de printemps, mais avec un air de décence et de modestie, qui faisoit les honneurs de son appartement » ....

Mais c'était bien autre chose, le 15 avril, le jour des Sèvres et des Saxe :

« La rue Saint-Nicaise étoit remplie de carrosses des deux côtés. On ne pouvoit pas y aborder. Il y avoit des Suisses aux portes. On donnoit sous la porte cochère des billets, aux gens qui paroissoient de distinction, pour entrer dans les appartemens. Il y avoit plus de 60 femmes tant de la première qualité que de robe et de finance, lesquelles dans un autre tems n'auroient pas osé entrer dans cette maison. Les appartemens étoient si pleins d'hommes, seigneurs, cordons bleus et autres et de femmes, que l'huissier ne pouvoit pas faire la vente et qu'il a été obligé de transporter la table dans la cour, pour que les curieux qui avoient réellement envie d'acheter eussent la liberté d'examiner » ....

La vente durait huit ou dix jours. Et, chaque jour, quelque bulle de folie crevait dans le public enfiévré. C'était une duchesse, malade de désir, qui ne résistait pas à se payer la petite baignoire d'argent massif ornée de point d'Angleterre, pour placer sur sa toilette ce meuble d'utilité. C'était encore le fils d'un riche financier, qui arrivait un beau matin, au petit-lever de Marie-Anne, s'énamourait du lit « qui lui

sembloit respirer la volupté » et implorait d'acheter ce
fétiche sur-le-champ, dans le beau désordre où il se
trouvait, « avec promesse de coucher dès le soir dans
les mêmes draps qui étoient un article important du
marché ». Le lit, circonstances et dépendances, était
vendu cinq mille francs (1).

La vente aurait duré bien plus d'une semaine si la
Deschamps avait voulu tout vendre. Mais on ne voyait
point passer aux enchères « les bijoux et diamants
dont Marie-Anne, quand elle dansait sur scène, avait
la tête et les oreilles chargées ». Peut-être étaient-ils
vendus à l'amiable, comme le lit, avant, pendant ou
après la dispersion publique des meubles. La vaisselle d'argent ne figurait pas non plus dans cette
liquidation ; on savait le motif civique de son absence.

Et le carrosse, ce digne pendant du lit, ce véhicule
féérique et légendaire que les Parisiens avaient admiré
si longtemps, chargé derrière de ses deux laquais au
chapeau à plumes, à la livrée d'argent ; ce carrosse
pareil à ceux dont les ambassadeurs se servaient pour
faire leur entrée ; ce poème, cette gloire, ce scandale (2)... Que devenait le carrosse ?

Mais quel était le total des prix d'adjudication ?
Quelle était la destination finale du produit de la
vente ?... Marie-Anne et son huissier, seuls, auraient
pu le dire.

(1) FAVART, *Correspondance*, 1808, 3 vol. in-8 ; t. II, pp. 13-18.
(2) Un contemporain affirme avoir vu, de ses yeux vu, à
une revue des gardes françaises et suisses, au Carrousel, le
5 mars 1758, le carrosse de la Deschamps attelé à six, comme
ceux des princesses (V. *Mémoires de la Lune*, in REVUE RÉTROS-
PECTIVE, 1899). Le policier Marais dit au contraire qu'il reçut
l'ordre de M. Bertin, lieutenant de police, d'arrêter la Deschamps,
si elle attelait à six pour aller à Longchamps, comme elle en
avait l'intention. Mais elle n'attela qu'à deux chevaux (BIBL.
NATIONALE, *Manuscrits français*, 11359).

XLIV

Dᴇ sa vente tapageuse il restait à la Deschamps, dettes payées, une fortune suffisante pour vivre honnêtement, sans ce faste suprême qui avait défié la vertu ou l'envie, mais dans une abondance d'intérieur encore assez raffinée.

Marie-Anne faisait sur elle-même un acte de retour, paraissait accepter la situation, prenait son parti de la retraite, cherchait l'oubli. Résilié son bail de la rue Saint-Nicaise, elle avait garni, des meubles sauvés de l'encan, un bel appartement dans la rue de Richelieu, presque au coin de la rue des Filles-Saint-Thomas. Elle y admettait des visiteurs de choix, triés, des amis discrets et de tout repos. Elle entourait ses nouvelles amours d'un certain mystère (1). Le marquis de Létorière, trop répandu, trop disputé, avait été remplacé par le baron Jean de Salis, capitaine aux

(1) Bɪʙʟ. Mᴀᴢᴀʀɪɴᴇ: *Manuscrits*, 2372. (Nouvelles à la main au duc de Penthièvre).

gardes suisses, un tout jeune homme, presque un adolescent ; aimant et brave, un peu trop emporté peut-être et jaloux, mais vrai gentilhomme. Sans être positivement riche, il tenait de ses parents quelques revenus et les dépensait sans compter pour Marie-Anne, qu'il aimait passionnément.

La Deschamps, de son naturel, avait toujours été sensuelle ; toujours à côté de l'amant payant, subi, pour le profit, elle avait réservé un coin de son lit à l'amant gratis, chéri, pour le plaisir. A mesure qu'elle avançait dans la vie — et la précocité de ses débuts la faisait presque vieille à trente ans — s'accentuait chez elle cette lasciveté maladive qui, d'ordinaire, ne tourmente les voluptueuses qu'aux approches de l'âge critique. La jeunesse infatigable et râblue de M. de Salis tenait Marie-Anne en haleine. Par malheur, le départ de l'officier, rappelé pour quelques mois dans son pays aux premiers jours de 1761, allait la laisser livrée à elle-même, sans force contre ses appétits. Et la Deschamps, mentant à ses plans de réforme, retomberait au vice, roulerait aux étreintes des greluchons professionnels, préparerait sa perte.

Sainson, Vézian, Rupière : aventuriers casse-cœurs, gredins sans scrupules, faisaient en ce temps-là profession d'étalons publics et ne s'en cachaient pas ; pour un peu, ils eussent pendu, dragonne parlante, un bouchon de paille au pommeau de leur épée ; aimables et bien bâtis, à la lettre comblés par la nature, ils étaient réputés, parmi le peuple galant, pour servir une maîtresse activement et profusément ; jeunes ou vieilles friandes d'amour, tendrons ou laiderons, duchesses ou barboteuses, tout leur était bon quand ils y avaient bénéfice ; et la police qui les veillait de près à cause de leurs escroqueries, les retrouvait dans tous les boudoirs de femmes à sentiments, dans tous les garnis de nymphes clapières, dans tous les tripots enfin, où ils restituaient à la dame de pique l'argent des dames de trop de cœur. Sainson, Vézian,

Rupière : Marie-Anne allait mettre à l'essai, tour à tour, ces trois vaillants.

Le petit Sainson, officier aux mousquetaires noirs, avait commencé par la demoiselle Leclerc, figurante à l'Opéra, qu'il avait entretenue d'abord, greluchonnée ensuite, quand elle était passée au baron de Warteberg (1). L'emploi était, à son gré, si lucratif et si facile, qu'il n'en voulait plus d'autre : il vivrait dorénavant de son physique. Désinvolte et musqué, il empaumait les femmes par la plaisante recette du docteur Swift : « deux ou trois visions, deux ou trois révérences, deux ou trois compliments civils, deux ou trois serments, deux ou trois baisers avec deux ou trois soupirs, deux ou trois *ô ciel !* et *je renonce à la vie !*, deux ou trois serrements de main et deux ou trois secousses, avec quelques louis perdus dans la maison... » (2). Marie-Anne, malgré sa pratique des hommes, était fascinée par ces pirouettes étudiées, par cette aisance factice, par ce clinquant d'urbanité. Puis Sainson était si joli ! Mais Sainson n'était, en ses desseins, ni stable ni constant. A la première surenchère de la demoiselle Laforest, autre figurante, l'ingrat brûlait la politesse à la Deschamps, qui se rabattait sur Vézian, son confrère.

Le jeune Vézian, commis aux fermes, était sollicité par deux offres, tiraillé entre deux prébendes : la Deschamps d'une part, d'autre part la demoiselle Testelingue, fille d'Opéra, plus jeune et mieux conservée que sa rivale (3). Mais le drille était de gueule fraîche et de

---

(1) Lorédan Larchey, *Journal des Inspecteurs de M. de Sartines*, 1863, in-8, p. 38.

(2) [Imbert de Boudreau], *Chronique scandaleuse*, 1791, 5 vol. in-8 ; tome V, p. 74.

(3) La demoiselle Testelingue, inscrite à l'Opéra depuis 1756, était âgée de vingt-sept ans environ ; « taille ordinaire. bien faite, peu de gorge, les yeux noirs. petits et vifs, le visage un peu long, d'assez belles dents, blanche de peau, peu spirituelle, très libertine ». Durant son apprentissage au Magasin, elle était aux appointements de M. de Mondorge, trésorier de la Chambre aux Deniers. Danseuse, elle avait fait la conquête du

cuir douillet. Il prisait avant toute chose, chez une amante, les bons dîners et les draps fins. Il allait donc à la Deschamps, plus riche. Ce qui chatouillait encore son amour-propre, c'était la célébrité bien assise de Marie-Anne. S'il parvenait à lui faire commettre quelque folie pour lui, quel cachet à sa réputation de bellâtre. « J'ai peine à croire qu'il y réussisse (opinait l'agent Marais). Cette femme est une vraie Messaline et, dès qu'elle s'apercevra qu'il battra de l'aile, elle le congédiera... »(1). Propos divinatoire. Un mois n'était pas révolu, que Vézian, l'aile basse, avait déjà fini de plaire.

Enfin Rupière venait !... Le chevalier de Rupière, gendre de feu M. de Javelle, en son vivant prévôt de la maréchaussée, n'était pas seulement grand-maître ès baudouinage et comme bâtonnier des « piqueurs » de Paris ; il était aussi quasi le vétéran de l'Ordre. Depuis plus de quinze ans, depuis l'époque déjà lointaine où il rendait ses soins à la demoiselle Camargo, ce rude jouteur, toujours égal à lui-même, portait, sans une défaillance, le fardeau d'une renommée difficile à acquérir, plus malaisée encore à soutenir. Sa supériorité, fille de l'expérience, était pourtant si incontestable que Marie-Anne, dès le premier choc, s'enthousiasmait pour cet Alcide, s'affolait de tendresse, amazone vaincue. Elle se cramponnait à Rupière ; elle ne le quittait non plus que son ombre ; elle l'obsédait. Le chevalier, en homme adroit et qui garde son sang-froid, profitait du faible de la Deschamps pour rétablir un peu ses affaires, assez délabrées : au commencement de septembre il lui empruntait cinq mille francs, avec quoi il arrosait quelques créanciers hurleurs.

vicomte d'Etcho, Anglais. Puis elle avait été (sept. 1756) au marquis de Bandolle. Actuellement (1760). elle recevait les hommages de Mgr Tiepolo, ambassadeur de la République de Venise, logé rue de Varennes (Bibl. de l'Arsenal, *Archives de la Bastille*, 10.237). — Sur la demoiselle Camille, sœur de Vézian, voir nos *Théâtres clandestins*, p. 100.

(1) Bibl. Nationale, *Manuscrits français*, 11.360.

Pour répondre à ces attaques un peu vives, Marie-Anne manquait d'un argentier. Elle se mettait en quête d'un « monsieur » et son choix s'arrêtait sur le sieur Bazin, ex-écuyer du comte de Clermont. M. Bazin revenait d'Amérique, où il avait suivi M. de Lally, comme aide de camp. Dans ce voyage outre-mer, il avait économisé plus de deux cent cinquante mille livres. En six semaines, la Deschamps l'allégeait de vingt mille — sans parler des bijoux, que la rusée savait obtenir par des tours renouvelés des pantalonnades italiennes. Celui-ci, entre cent : Marie-Anne se passait à l'annulaire, bien ostensiblement, une bague confiée par Rupière et que Bazin connaissait pour appartenir au chevalier. Reproches de l'entreteneur, surprise affectée de Marie-Anne : elle s'était trouvée la veille avec M. de Rupière, elle avait laissé échapper que cette bague était belle et, devant les supplications du chevalier, n'avait pas cru faire mal en l'acceptant ; mais elle allait la retourner tout de suite, plutôt que de déplaire à son cher Bazin. Aussitôt fait que dit. Et M. Bazin, touché aux larmes par ce trait de délicatesse, se portait sur l'heure chez un joaillier de la place Dauphine où il achetait pour Marie-Anne un bracelet de diamants (1).

... La Deschamps dindonnait Bazin. Mais Rupière dindonnait la Deschamps. Le chevalier avait le cœur pris ailleurs : une pensionnaire de son ami Brissaut, l'appareilleur, une prostituée de basse catégorie, la demoiselle Dangeville (2). Et M. de Salis, revenu de la Suisse, ayant repris, fin septembre, sa place et ses droits, comme la Deschamps ne voulait plus de Rupière chez elle, le chevalier la menait par une sorte de crânerie impudente, coucher dans la petite-maison de ce même Brissaut, sans lui dire où elle était.

(1) Lorédan Larchey, *Journal des Inspecteurs de M. de Sartines,* 1863, in-8, p. 43.

(2) Voyez sur ce Brissaut : G. Capon, *Les maisons closes,* 1903, in-8, p. 162.

Marie-Anne craignait une collision entre Salis et Rupière : elle redoutait l'emportement du capitaine, la brutalité jalouse du chevalier de qui elle se croyait adorée. Terreurs vaines. M. de Rupière n'avait pas envie de se créer une méchante affaire pour une femme qu'il n'aimait pas. Une de perdue, dix de retrouvées. En apprenant le retour de l'officier qui rendait le jeu périlleux, M. de Rupière abandonnait prudemment la partie, montrait les talons.

(1) BIBL. NATIONALE : *Manuscrits francais*, 11.358.

XLV

Sous les ombrages reverdis des jardins du Palais-
Royal, rendez-vous quotidien des badauds beaux
parleurs et des nouvellistes de plein vent, halle aux
commérages de Paris, les fabricateurs d'anecdotes
s'abordaient, un matin de printemps (1762), avec des
clignements d'œil prometteurs et des demi-rires pleins
de sous-entendus :

— Vous savez la nouvelle ?

— Laquelle, je vous prie ? Des détails inconnus sur
la Révolution de Russie ?... Un chapitre inédit pour
l'histoire de la fouine de Séville ?...

— Foin de la fouine et de vos Russes ! Vieilleries,
tout cela ! l'épisode du jour, une primeur ...

— Eh ! bien ?...

— La demoiselle Deschamps a fait le plongeon.

— Deschamps ? L'aventurière de la rue Saint-
Nicaise ?... — La Phryné du siècle ?... — L'Aspasie
moderne ?... — La honte de Paris ?... — L'orgueil,

Vüe et Perspective du Palais Royal du côté du Jardin.

voulez-vous dire ; les guides la montraient aux voyageurs comme une curiosité de la ville, entre une visite au Salon du Louvre et une révérence au trésor de Notre-Dame. — Deschamps l'aînée, de l'Opéra ?

— Elle-même... Deschamps l'aînée, ci-devant de l'Opéra, a disparu du théâtre du monde... Dissipée, évanouie, évaporée ! Pftt !

— Sans laisser de traces ? — Où est-elle ? — Arrêtée ? — En fuite ?...

— On ne sait pas encore. Mais l'un ou l'autre, c'est tout de même... Si la Deschamps se cache, c'est qu'elle craint d'être arrêtée, c'est qu'elle a mérité de l'être... Si elle n'est pas encore prise, elle le sera demain, ce soir...

— Eh ! la peur a bon pas...

— La police aussi.

— Mais, le motif ?... Le pavé du Roi est à tout le monde ! — C'est vrai, on ne décerne pas contrainte sans motif !... — Surtout contre une femme telle que la Deschamps, connue comme le loup gris ! — Et protégée, la gueuse !... — Il faut qu'elle ait commis quelque chose de gros.

Et langues de marcher, conjectures et versions de germer.

— Pour moi (disait un important, pérorant dans un groupe) la cause est simple... Vous n'êtes pas à ignorer, j'imagine, que Monseigneur l'Evêque-prince de Liège, pour se donner une réputation à la française, se mêla d'être, dernièrement, amoureux de la demoiselle Deschamps ?

— Le bavarois Jean-Théodore ... Tout Paris sait cela...

— La Deschamps prétendit corriger le bon prince de sa folie, tout en en profitant. Elle lui donna une leçon de décence, mais non pas une leçon gratuite, elle lui escroqua beaucoup d'argent et pas mal de diamants...

— L'intention était bonne.

— Mais elle fut mal prise... On n'aime point à passer pour dupe... Tant et si bien que le digne Jean-

Théodore se sera fâché, comme de raison, et qu'il aura porté plainte contre son escroqueuse... Voilà ce que je dis ! (1).

— Peste ! cher Monsieur (s'écriait un autre orateur), comme vous disposez des choses... C'est au moins ce qui s'appelle un roman lestement échafaudé... Mais la vraisemblance, Monsieur, que faites-vous de la vraisemblance ? Est-il croyable, je vous le demande, qu'un prince, titré évêque par-dessus le marché, aille lever un pareil lièvre, démuseler le scandale pour quelques bijoux, pour quelques louis perdus ?... Vous n'y êtes pas du tout, mon cher ; la plainte ne peut venir de l'Evêque de Liège, mais plutôt des parents de ce petit officier grison, qui passe pour le « piqueur » de la Deschamps...

— Le coadjuteur de Monseigneur ! (2).

— M. de Salis, enfin.

— J'entends bien ; mais lequel des Salis ? De ce nom, ils sont au moins dix dans les Suisses de Sa Majesté... On s'y perd...

— Jean de Salis, un baron... — Un capitaine ?.. — Qui loge rue du Bouloi ?.. — C'est cela même, chez Benoist, à l'hôtel Notre-Dame (3).

— On affirme que ses désordres ont amené la famille Salis à réclamer des mesures contre la Deschamps... La preuve, c'est que le capitaine a disparu en même temps que sa maîtresse... La police les recherche tous deux.

— En êtes-vous sûr ?

— Sûr et certain... Je tiens le fait du sieur Lyonnois, valet de chambre du Salis.

(1) Favart, *Correspondance*, 1808, 3 vol. in-8, tome II, pp. 13-18.

(2) Que n'a pas dépensé monseigneur l'Evêque de Liège pour cette Deschamps, dont la chaise percée était garnie de dentelles et qui, en regardant tous ses appartemens de fée, disoit à son coadjuteur M. Salis, officier suisse : « Un baiser de plus à ma calotte paiera tout cela ». (Manuel, *La police dévoilée*, 1791, 2 vol. in-8, tome I, p. 334).

(3) Archives nationales, Y 15.646.

— Votre Lyonnois s'est moqué. S'il fallait que la police mît le holà chaque fois que nos jeunes militaires font de la peine à leurs parents en greluchonnant des milédis, M. de Sartines, que Dieu garde ! n'aurait pas assez de limiers à découpler sur leur piste.

— L'affaire est plus grave (déclarait un harangueur nouveau)... Un officier y est intéressé... Mais ce n'est pas M. de Salis... Et si je disais tout...

— Dites, au lieu de tant faire le discret... — Parlez donc, haï ! Monsieur l'informé ! — La paix ! qu'on écoute... — Chut ! Silence.

— Eh ! bien, Messieurs, voici, le fin mot de l'histoire... Il n'est pas rare de voir l'avarice succéder à la dissipation : c'est le cas de la demoiselle Deschamps. Pour ajouter à sa fortune, elle s'était établie usurière, cherchait chape-chûte, prêtait sur billets et sur gages...

— C'est en honneur vrai ! Je l'ai déjà entendu raconter...

— Aveuglée par ses premiers succès, elle a déployé tant d'audace que son dernier exploit n'a pas été heureux pour elle. Un officier chargé de quelques dettes...

— De jeu...

— Vous paraissez instruit... Cet officier, dépourvu d'ailleurs de l'argent nécessaire pour son équipement, à la veille de partir aux armées, fut conseillé d'avoir recours à la Deschamps... Il alla se jeter à ses pieds, lui exposa sa détresse : il lui fallait quatre mille livres... La Deschamps le berna d'abord des raisons que les usuriers ont toujours à la bouche : elle-même, disait-elle, était dans le besoin, elle achetait l'argent fort cher... Enfin elle proposa le taux de son prêteur imaginaire, qui était, pour quatre mille francs, une cédule de mille écus... L'officier qui n'avait plus le choix des ressources, fit son billet de six mille livres et reçut les deux tiers de la somme.

— Diantre ! C'était un intérêt honnête !

— A l'échéance, notre homme ne se voit pas en état de payer... Il va se mettre à la merci de sa prêteuse...

La Deschamps le tranquillise et l'endort ; mais pour le mieux servir à plats couverts... Elle fait protester le billet, obtient sentence par corps, et pour s'assurer de sa proie, se charge elle-même du rôle de mouche... Pour cet effet, elle se rend chez l'officier en carrosse, sous couleur de l'entretenir de son affaire... L'autre, par civilité, descend lui parler dans sa voiture et, dans l'instant, il est investi par une troupe de sbires et conduit en prison.

— Quelle indignité !

— Oui, mais il y a des juges... Le ministère public, au courant, fait d'abord élargir le prisonnier ; puis il appelle la Deschamps, l'oblige à échanger le billet usuraire contre un autre de la somme vraie, le terme au choix du débiteur... Ensuite la Deschamps est bannie du royaume... (1).

— Elle serait donc à présent sur le chemin de l'étranger ?

— On pense qu'elle se dissimule dans Paris... Mais elle aurait mieux fait de partir tout de suite... D'autres plaintes sont parvenues à l'autorité, tant de ses créanciers que de ses malheureux débiteurs, qui ont dévoilé l'horreur de sa conduite et ses abominables trafics (2).

— En sorte que si, maintenant, on la pinçait, on ne la mettrait plus dehors...

— On la mettrait plutôt dedans !

Ainsi épiloguaient et papotaient, au pied de l'arbre de Cracovie, les bourgeois babillards et les regrattiers de nouvelles à la main. Tandis que leurs colloques s'égaraient en téméraires on-dit et en controverses hasardées, la police, depuis longtemps, savait à quoi s'en tenir sur le refuge de Marie-Anne. Celle-ci avait passé plusieurs semaines avec M. de Salis, rue de l'Université, dans la chirurgie du sieur Faget (3). En

(1) Favart, *Correspondance*, 1808, 3 vol in-8, tome II, pp. 13-18.

(2) Bibl. Mazarine : *Manuscrits*, 2372 (Nouvelles à la main adressées au duc de Penthièvre. Officine Mairobert).

(3) Il y avait à Paris deux chirurgiens de ce nom : Jacques

même temps qu'ils se dérobaient aux recherches, les amants s'y faisaient soigner pour leurs fautes passées. C'est là que, le dimanche 6 juin, Brunet, majordome du marquis de Livry et homme de confiance de la Deschamps, était allé les chercher dans le fiacre numéroté 57 F, pour les trimbaler à Chaillot, sur le bord de la Seine, où ils avaient loué meublée, à raison de quatre cents livres jusqu'en octobre, la maison d'une dame Josse. Ils se faisaient appeler M. et Mme de Saint-Germain. Brunet devait venir vivre avec eux le temps des vacances en compagnie de sa maîtresse, la demoiselle Bourgoin, qu'il avait mise dans le secret. Par malheur, Mlle Bourgoin ne pouvait pas souffrir M. de Salis. Plutôt que de dormir sous le même toit que le capitaine, elle préférait, la belle âme, dénoncer la Deschamps aux inspecteurs de M. de Sartines.

Le magistrat, pour agir, attendait les ordres spéciaux de la maison du Roi. Mais la fuite inopinée de Marie-Anne précipitait les événements. Le 28 juin, elle sortait de Paris, dans un carrosse de remise, jusqu'à la première poste sur la route de Lyon. Le 1er juillet, elle était à Fontainebleau d'où, par lettre, elle détaillait son programme à Brunet. Elle se rendait à Lyon. Elle attendrait M. de Salis dans cette ville ; puis tous les deux passeraient en Suisse. Le capitaine y vendrait ses biens, s'il pouvait ; sinon, Marie-Anne verrait à y vendre ses charmes. Elle recommandait à Brunet de donner par écrit à M. de Salis une instruction de toute la conduite à suivre. De son côté, elle promettait à son factotum de lui écrire souvent, de l'instruire de ses projets et de lui envoyer bientôt une procuration notariée pour toucher ses revenus.

Brunet était à Livry lorsqu'arrivait cette missive,

Faget, reçu en 1730, demeurant rue de l'Echelle et Jacques Faget, reçu en 1735, demeurant rue de l'Université, près de la rue des Saints-Pères. Ce dernier soignait spécialement les vénériens (*Tableau du Collège et Académie de Chirurgie*, 1760, in-folio *plano*).

que la demoiselle Bourgoin décachetait adroitement et dont elle communiquait la teneur à la police (1).

L'intendant de Lyon se trouvait de passage à Paris. M. de Sartines, pressé par les plaintes qu'il recevait de toutes parts, lui confiait de la main à la main des ordres très prompts contre la fugitive. La chaise de poste de l'intendant gagnait Marie-Anne de vitesse. A peine à Lyon, la Deschamps, cueillie à sa descente de voiture par les soldats du guet, était écrouée à l'Archevêché.

(1) LORÉDAN LARCHEY, *Journal des inspecteurs de M. de Sartines*, 1863, in-8, pp. 153-155.

XLVI

Pour une prisonnière d'importance, de belle mine et fleurant l'argent, quelle geôle charmante que la vieille prison de l'Archevêché ! Et quels geôliers accommodants !

La Deschamps n'était pas incarcérée depuis huit jours que sa cellule, ornée de tous les meubles de prix dont elle avait, dans sa fuite, emporté trois grandes malles pleines, était devenue le salon de compagnie où s'assemblaient les galants oisifs et les fins causeurs de la cité lyonnaise. Tous les jours, table ouverte, bombance et gogaille, société nombreuse et folâtre ; « son réduit était le temple de la Volupté » (1). Elle avait gardé auprès d'elle sa femme de chambre et son laquais. Le concierge et les guichetiers, éblouis par les dehors de dignité de leur détenue, séduits par ses largesses, flattés de sa confiance, étaient également

(1) Favart, *Correspondance*, 1808, 3 vol. in-8 ; tome II, pp. 13-18.

à ses ordres et facilitaient naïvement ses intelligences au dehors. Il ne manquait vraiment à Marie-Anne que la liberté pour se croire dans la meilleure auberge de la province.

Si agréable que fût le séjour de l'Archevêché, la Deschamps n'avait pas perdu l'espoir d'en sortir. Elle y parvenait par un artifice assez romanesque et hardi, dont s'amusait fort un bourgeois de Lyon, dans cette lettre à son ami Favart :

Lyon, 26 juillet.

La Deschamps a trouvé que les prisons de l'Archevêché lui étoient contraires ; elle en a changé vendredi à sept heures du soir, et voici comment :

Elle avoit annoncé qu'elle avoit besoin d'argent, et fit mettre des gens à la quête de quelqu'un qui voulût lui en prêter. On lui dit que l'on avoit trouvé un prêteur ; mais qu'il ne vouloit donner son argent qu'autant qu'on lui remettroit en dépôt de la vaisselle d'argent et des effets à concurrence de la valeur de la somme qu'il prêteroit.

La Deschamps avoit eu soin de faire part de tout au geôlier, qui lui avoit conseillé de livrer ses effets, puisqu'elle ne pouvoit faire autrement ; elle fit sortir vendredi trois grandes malles, dans l'une desquelles elle s'étoit mise elle-même ; on la porta au logis de la Bombarde, qui est près de là, et l'on conte que, le lendemain, elle est partie pour Avignon. Elle avoit eu la précaution de dire la veille qu'elle étoit incommodée, qu'elle s'alloit mettre au lit. Le lendemain, ses domestiques sortirent à quatre heures du matin, sous prétexte de s'aller baigner, et recommandèrent que l'on n'entrât pas dans la chambre de leur maîtresse, qui ne se lèveroit qu'à neuf heures.

Ce n'a été qu'à neuf heures qu'on a été instruit de son évasion (1).

Marie-Anne était déjà en sûreté à Avignon, ville d'Eglise, lieu d'asile, où l'avait descendue par le Rhône le batelier Chaussepoule, lorsque le marquis de Roche-

____

(1) Favart, *Correspondance*, 1808, 3 vol. in-8 ; tome II, pp. 13-18.

baron, commandant de Lyon, recevait, de la maison
du Roi, un ordre daté du 19 juillet de faire transférer
la prisonnière à Paris, pour qu'elle fût mise à Sainte-
Pélagie.

Le commandant, penaud, ne pouvait qu'informer
ses chefs de la fugue de la Deschamps et de la maigre
revanche qu'il avait prise en fourrant au cachot le
concierge et les guichetiers de l'archevêque, trop complaisants sinon complices.

Restait la carte à payer : les frais de l'arrestation et
de l'inutile poursuite de l'évadée. Pour que le Roi ne
perdît pas ses droits, on allait faire vendre les malles
qu'on avait saisies « au logis de la Bombarde » ; mais
M. de Salis, arrivé à Lyon, intervenait pour réclamer
ses objets personnels contenus dans le bagage de
Marie-Anne. D'autre part, Bursé, dit Deschamps, avisé
à Paris de la fuite de sa femme, revendiquait les
fameuses malles au nom de la communauté. On les
lui restituait, à condition qu'il solderait la note (1).

D'Avignon, la Deschamps avait gagné Nice. Définitivement sauvée, sur terre d'Italie, elle envoyait à son
confident Brunet, qu'elle croyait toujours dans ses
intérêts, de longues lettres pour M. de Salis. Mais
le régisseur du marquis de Livry méditait de s'empa-
rer d'autres caisses qu'il avait chez lui, à elle appartenant. Il lui retournait ses lettres au lieu de les trans-
mettre à leur destinataire, de sorte que M. de Salis,
sans nouvelles de Marie-Anne, rentrait à Paris. L'in-
fidèle Brunet, sans différer, se portait créancier de la
Deschamps, obtenait jugement, se rendait propriétaire des caisses, comme seul saisissant, et les faisait
ouvrir par huissier. Il était bien déçu dans ses espérances. Il pensait y trouver des dentelles pour une
somme considérable, et ces coffres ne contenaient que
du vieux linge de ménage et quelques chemises. La
vente à la criée s'en faisait le 28 août sur le pont

(1) Voir aux Annexes (J) la correspondance de la maison du
Roi, au sujet de cette affaire.

Saint-Michel, marché de la friperie, et ces dépouilles
de la Deschamps se dispersaient sans pompe aux
mains des brocanteurs (1). Quel contraste avec la
vente à fracas de la rue Saint-Nicaise, deux ans auparavant !

(1) LORÉDAN LARCHEY, *Journal des inspecteurs de M. de Sartines*, 1863, in-8 ; p. 181.

XLVII

Dix-huit mois s'étaient écoulés depuis le départ de la Deschamps... Avait-elle erré tout ce temps à travers l'Italie (1)? S'était-elle retirée auprès de son ancien tributaire, l'Evêque-prince de Liège (2)? Mystère ; mystère que personne du reste ne songeait à percer, tant le silence et l'oubli s'étaient faits profonds autour d'elle. Au mois de janvier 1764, son retour à Paris, arrangé par quelques amis fidèles (M. de Cheverny avait été condisciple de M. de Sartines), s'opérait à petit bruit, sans aucune sensation.

Malgré les assurances données par Marie-Anne d'être sage, de s'ensevelir dans l'obscurité, le lieutenant de police la mettait en observation. L'inspecteur Desparviers était chargé de cette surveillance. Il retrouvait la Deschamps dans un modeste logement

(1) *Le Carnet, historique et littéraire,* année 1898 ; tome II, p. 684.

(2) Favart, *Correspondance,* 1808, 3 vol. in-8 ; tome II, p. 18.

de la rue de Seine, près de la barrière (1). Elle s'ennuyait à la mort entre sa fille et son mari ; — sa fille, maintenant âgée de seize ans, que Bursé s'était empressé, lors de la débâcle, de retirer du couvent et de jeter dans le monde, pour l'exploiter, comme il avait exploité sa femme, d'autant plus que cette fille était riche, des rentes placées sur sa tête par sa mère, aux années de prospérité ; — son mari, qui avait ajouté à la collection de ses vices un vice nouveau, le plus abject : Bursé était devenu la « maîtresse » du maître d'hôtel de M. le duc de Nevers.

Les malheurs de la Deschamps n'avaient point abattu sa superbe. Elle se refusait à quémander le secours matériel de ceux qui l'avaient jadis tant fêtée. Elle ne voulait compter que sur elle-même pour mettre en ordre ses affaires. Elle espérait qu'au mois d'avril elle pourrait reparaître en scène et abandonner son vilain mari. Desparviers ajoutait que, maigrie extraordinairement par la maladie et bien que souffrant beaucoup des genoux où elle avait eu des exostoses, « dignes fruits de ses amusemens », elle était encore plus jolie qu'autrefois (2).

Le policier n'avait que des renseignements de seconde main. Mieux averti, il aurait su que la triste Marie-Anne n'était plus en état de former des projets d'avenir.

Accablée par la souffrance, condamnée par les médecins, perdue et sachant sa fin prochaine, elle s'était sentie étreinte par les angoisses de la mort et la terreur de l'enfer l'avait saisie à la gorge. On lui avait enseigné, quand elle était petite, que Dieu pardonne au repentir du pécheur. Elle ne voyait plus de recours, pour échapper aux flammes éternelles, qu'en cette réconciliation avec le Dieu de miséricorde. Vite, elle ·

(1) Dufort de Cheverny, *Mémoires*, 1886, 2 vol. in-8 ; tome I, p. 273.

(2) Bibl. Nationale : *Manuscrits français*, 11.359.

appelait un de ses commis sur la terre : le curé de Saint-Sulpice. La Deschamps touchée de la grâce ! C'était une conversion éclatante et bien flatteuse pour un pasteur. Le bon prêtre s'empressait d'accourir au chevet de la moribonde. Marie-Anne, maudissant ses égarements, détestant ses péchés, pleurait son peccavi avec des élans de sincérité si vraie, que sa confession générale édifiait le curé sur la contrition de cette âme, déjà véritablement placée dans le ciel. « Elle meurt comme une sainte » disait-il aux voisins émus. Et, volontiers, il absolvait sa pénitente.

A la fin du mois, Marie-Anne Pagès, femme Bursé, dite Mlle Deschamps, s'éteignait doucement, avec beaucoup de religion, consolée, pardonnée, munie des sacrements de l'Eglise. Elle avait trente-quatre ans seulement (1).

Son trépas n'était point commenté dans les gazettes. Seuls, des nouvellistes à la main l'annonçaient à leurs abonnés, en quelques lignes peu caressantes pour sa mémoire.

---

(1) Dans son livre, *L'Opéra au XVIIIe siècle*, M. Emile Campardon affirme (I, p. 229) que la Deschamps « mourut à Avignon en 1775 ». Nous ignorons où l'érudit archiviste a puisé cette affirmation qu'il n'étaye d'aucune référence.

Nous n'avons pas retrouvé l'acte mortuaire de la Deschamps, mais nous n'hésitons pas à placer sa mort entre le 21 et le 27 janvier 1764. Voici pourquoi. Des deux « nouvelles à la main » que nous publions ci-après, la première est du 28 janvier : la Deschamps est donc morte *avant* cette date. Les « feuilles » précédentes des mêmes nouvellistes sont respectivement du 21 et du 27 janvier ; il n'y est pas question de Marie-Anne : la Deschamps est donc morte certainement *après* le 21.

Si cette concordance n'était pas jugée suffisante comme preuve, nous renverrions aux *Mémoires* de Cheverny qui suivent la Deschamps jusqu'à sa fin et disent positivement qu'elle décéda à Paris, rue de Seine, « avant trente-cinq ans ». Nous invoquerions surtout le témoignage de l'inspecteur Marais qui, dans un rapport sur Deschamps cadette du 17 avril 1764, dit, parlant de Deschamps l'aînée : « feüe sa sœur » (BIBL. NATIONALE : *Manuscrits français*, 11359).

L'officine Mairobert, qui alimentait de racontars Monseigneur le duc de Penthièvre, disait :

28 janvier 1764. – La célébrité de Mlle Deschamps ne permet pas de taire sa mort qui a été aussi édifiante que sa vie a été scandaleuse. Depuis son évasion, on l'avoit perdue de vüe, et son retour en ce pays, ménagé par ses amis, n'avoit fait nulle sensation dans le public. Elle laisse une fille qu'elle a fait élever avec beaucoup de soin, et qui jouit d'une fortune considérable pour une personne de son état (1).

Un autre inventeur de menus faits, un anonyme, écrivait, pour ses clients :

Samedi 4 février 1764. — Notre Laïs moderne, la Deschamps, si fameuse par ses débauches, par son luxe et par le prix excessif qu'elle mettoit à ses faveurs, vient de mourir d'une maladie digne de la vie qu'elle avoit menée et qui doit faire trembler ceux qui ont eu l'honneur de sa couche. Le chirurgien Faget n'a jamais pu la guérir, et le dieu Mercure qui l'avoit si bien servic d'ailleurs, ne lui a été d'aucun secours dans cette occasion importante ; au reste elle étoit revenue à Paris incognito, après s'être sauvée des prisons de Lyon et avoir erré dans l'Italie. Elle vivoit dans la retraite, pleurant à chaudes larmes ses égaremens passés ; elle est morte, dit-on, comme une sainte. Elle laisse une fille qu'elle faisoit élever avec soin dans un couvent ; elle est très jolie et aura 5o.ooo livres de rente au moins ; mais qui osera l'épouser ?

> Le crime d'une mère est un pesant fardeau.

La Deschamps n'avoit que trente ans ; apparemment que « courte et bonne » étoit sa devise (2).

... Deschamps cadette revenait à Paris pour apprendre la mort de sa sœur. Lasse de la vie cloîtrée, après quatre ans passés au couvent de Ligny, elle avait

(1) Bibl. Mazarine : *Manuscrits,* 2376.

(2) *Le Carnet, historique et littéraire,* année 1898 ; tome II, p. 684 (Nouvelles à la main, communiquées par le vicomte de Grouchy, d'après le Manuscrit appartenant à M. Anisson du Perron).

supplié Mme de Nivernois, sa protectrice, de la rappeler. La duchesse y avait consenti et plaçait Pagès en apprentissage chez une dentellière, où elle payait pension pour elle. Au bout d'un mois, Deschamps cadette, en manteau de nuit, se sauvait de chez l'ouvrière. Elle serait morte de faim dans un garni de la rue Saint-Sauveur, sans l'aumône désintéressée de Brissart, l'ancien amant de Marie-Anne, qui, pitoyable, donnait quelques louis et des effets. En mai, Pagès rentrait à l'Opéra, où on la surnommait : la Carmélite (1)

... La fille de la Deschamps avait de qui tenir. Elle suivrait les traces de sa mère. Elle serait, un jour, prônée parmi les grandes hétaïres de Paris. Dans trois ans, Marais pourrait dire d'elle : « On prétend qu'elle est d'une complexion très amoureuse et qu'il lui suffit, pour sentir l'attrait du plaisir, de fixer un joly homme »(2).

(1) Bibl. nationale : *Manuscrits français*, 11359.
(2) Bibl. nationale : *Manuscrits français*, 11360.

Le Mahométan polygame qui nourrit cinq épouses dans son harem s'estime plus vertueux que le « chien de roumi » qui n'a qu'une seule femme, et parfois quelques maîtresses. Le Peau-Rouge qui tue, de sa hache rituelle, son vieux père malade pour lui épargner de souffrir, par là se met en règle avec sa conscience autant que peut l'être le Visage-Pâle qui prolongea de son mieux, par mille remèdes répugnants, l'agonie d'un parent incurable.

Quand la morale, sous nos yeux, varie ainsi selon les longitudes, saurions-nous être étonnés qu'elle ait perpétuellement varié selon les temps ?

Il faut laisser aux idéologues et aux sermonnaires leur théorie, démentie par l'Histoire, d'une Morale éternelle et immuable, transgressée par l'homme comme à plaisir depuis que le monde est monde. Chaque moment de l'Humanité a eu sa morale, très conventionnelle, mais la mieux appropriée, somme toute, à ses besoins, à sa notion limitée du bon et du beau relatifs.

Le code moral des contemporains de la Deschamps n'était pas le nôtre. Princes en humeur de garouage, financiers aux sacs percés, marquis greluchons, officiers moins noirs de poudre à canon que blancs de poudre à la maréchale, tous ces personnages falots que nous avons vus évoluer autour de notre héroïne, sans autre programme à leur oisiveté que le : « Jouissons ! » des Epicuriens ; tous ces êtres de frivolité, que nous sentons, selon le mot des Goncourt, « pleins de l'air léger du siècle », n'étaient au fond ni meilleurs ni pires que leurs ancêtres aux plus austères apparences, ni meilleurs ni pires que nous, leurs plus hypocrites neveux. Ils étaient de leur temps, simplement.

Ils aimaient le plaisir : la dépense, la chère, la femme ; passions de tous les temps. Mais ils les aimaient sans retenue et sans tenue, abandonnément, avec cette fanfaronnade d'irrespect qui, au dix-huitième siècle, était la mode en tout.

Car le suprême du bon ton était alors de paraître mépriser, avec toutes les opinions convenues, tous les contrats sociaux qu'aurait encore révérés le vulgaire. Et l'on s'encanaillait délibérément, par irrespect de son rang, avec les parvenus de la maltôte, ratifiant ainsi un nouveau privilège, celui de l'argent, qui terrasserait un jour celui de la race. Et l'on donnait à plein dans la philosophie, par irrespect du dogme, dans le sensualisme aimable et subversif, prêcheur d'athéisme et d'égalité, qui bâtirait un jour les droits de l'homme avec les vieux moellons du droit divin, ruiné. Et l'on courait le plus allègrement, le plus gaiement, aux pires catastrophes. C'était un suicide : le suicide d'une société. Soit. Mais quelle société ne se suicide pas ? Fainéante, elle meurt de son propre néant. Féconde, elle est destituée par le mieux qu'elle enfanta. Oserons-nous blâmer de leur imprudence des gens surtout coupables d'avoir ignoré l'impénétrable avenir ? Eh ! nous-mêmes, savons-nous de quoi demain sera fait ?...

Gardons-nous donc de jeter sur ce passé des regards hâtivement sévères. Craignons d'imiter ces historiens

doctrinaires et prud'hommesques qui, confrontant avec
leur époque une époque diversement passionnée, en
mesurent les disparates à un seul mètre, pour aboutir à
la vaine apologie du raffinement et de la sagesse du
jour.

Qu'il nous suffise de sentir concrètement des heures
révolues. Justesse soit notre fait, sans la prétention de
faire justice.

Septembre 1905.

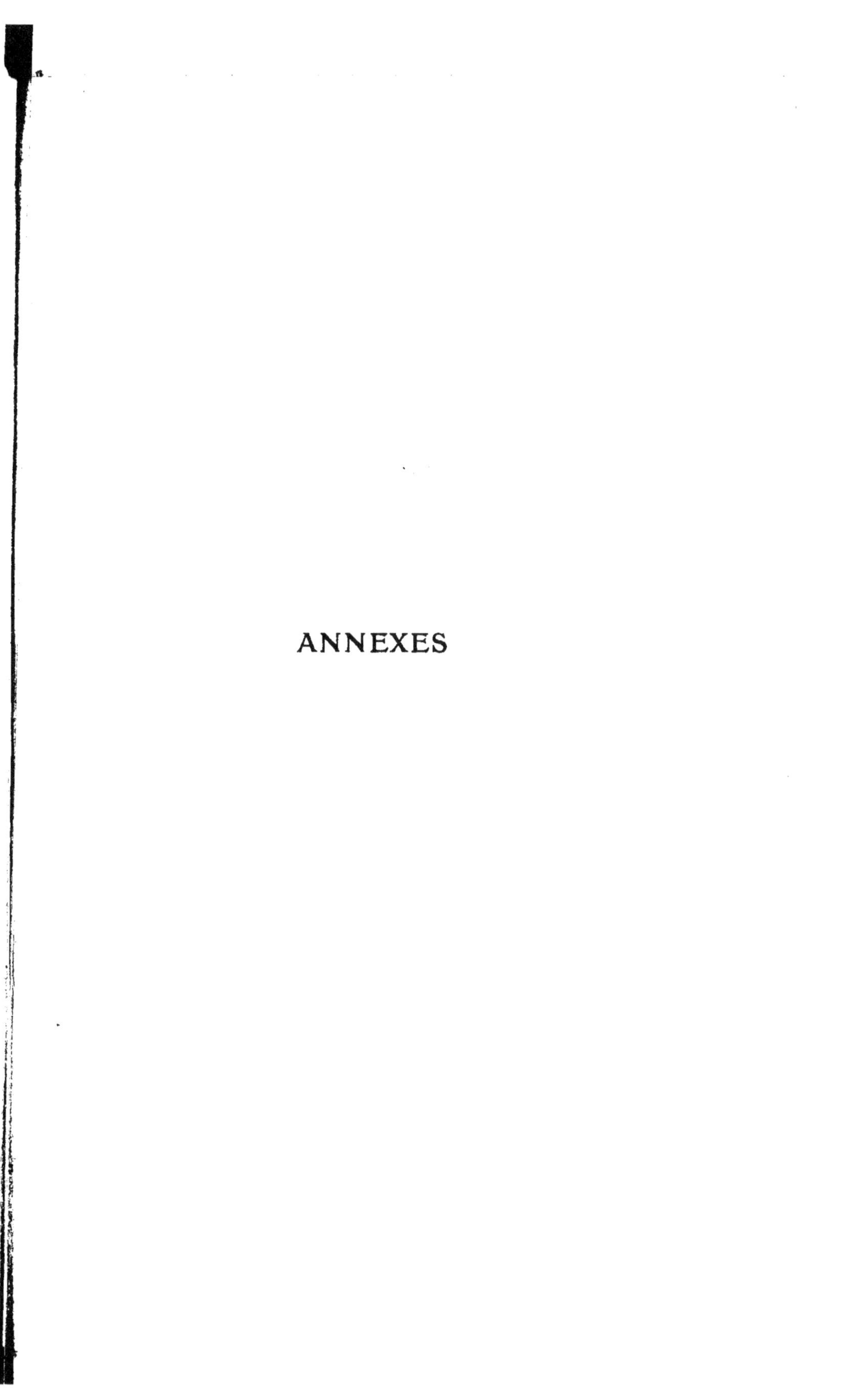

ANNEXES

(**A**). — Sur les débuts de la petite Mainville, aux mains de la Beaumont, et sur la « manière » des proxénètes, lire ce curieux passage d'un rapport de police inédit, daté du 21 juillet 1751 :

Depuis la feuille du 28 avril il est rentré aux archives galantes un fragment de l'histoire ancienne de la D^lle Mainville qui établit une sorte de chronologie dans l'emploi qu'elle a fait de son tems depuis sa sortie de l'enfance jusqu'à son entrée à l'Opéra-Comique.

Son origine est ignorée ; on sçait seulement qu'elle n'est rien moins qu'illustre et qu'elle est née de ce Paris, père et mère fort pauvres.

Dès l'âge de dix ans, une de ces femmes compâtissantes nommée Beaumont, demeurant alors rue Traversière, butte Saint-Roch, chez le teinturier, voulut bien gratuitement l'attirer chés elle et prendre soin de son éducation, pour la former de bonne heure aux usages du monde. Elle la menoit avant l'âge de onze ans avec elle pour la seconder dans les parties qu'elle faisoit (elle réunissoit les deux talens) ; elle y trouvoit son compte à tous égards, car Rosette, encore trop jeune quoique remplie d'obéissance, ne pouvoit satisfaire qu'un amour contemplatif. Au moyen de quoy, on en revenoit à la Beaumont qui passoit pour sa tante et chés laquelle ne se rencontroient pas à beaucoup près les mêmes obstacles. Néanmoins on payait également les honoraires de la petite qui remontroit acte de bonne volonté. Une de ces parties entr'autres se fit chés M. de Chemisot, alors greffier du Conseil, depuis secrétaire des finances, dans une petite-maison qu'il avoit rue Traversière, où il voyait clandestinement Mme Bonsergent, devenue depuis son épouse. La Beaumont et Rosette s'y rendirent, elles y trouvèrent un amy, (c'étoit Boulet, commissaire des guerres) de M. de Chemisot qui pour faire la partie carrée amusa la prétendue tante, pendant que M. de Chemisot qui régaloit ce jour-là amusoit la

nièce. Après une heure de travail infructueux, ce dernier
proposa l'échange à son amy. Il y consentit, mais c'étoit *un
bloc*, il ne fut pas plus heureux que lui, en sorte qu'il fut
obligé d'en revenir à la tante.

Cependant avec le tems et la persévérance, toutes ces difficultés s'aplanirent. La Beaumont écrivit des lettres circulai-
res à tous les gens riches pour leur proposer cette petite fille
qui devint grande tout à coup ; mais on ne peut dire positivement quel fut celui qui remporta le premier les honneurs du
triomphe. Plusieurs ont voulu ensuite se les attribuer, qui
peut-être étoient bien dans l'erreur. Quoi qu'il en soit, on
rapporte au sujet de ces lettres une aventure assez singulière.
M. de Bouville, maître des requêtes, à qui la Beaumont avoit
écrit, fut un matin de fort bonne heure trouver M. Allice,
aussi maître des requêtes, avec lequel il étoit extrêmement
lié, pour lui faire part de la bonne fortune qu'on lui offroit.
Il trouva la porte close, avec deffense de laisser entrer ; néanmoins, comme il étoit connu par les domestiques pour un
amy de la maison, et qu'il mouroit d'envie de faire part de
cet événement à son amy, il insista à vouloir lui parler. Il
entra enfin et lui montra la lettre en question, après avoir
parlé un quart d'heure avec emphase du plaisir qu'il se pro-
mettoit dans cette aventure. M. Allice qui avoit reçu la veille
une semblable lettre, mais qui avoit brusqué l'occasion, puisque Rosette étoit pour lors couchée à côté de luy, raison qui
avoit donné lieu de la deffense de sa porte, se divertissoit
beaucoup aux dépens de son amy qui, n'ayant plus rien à
dire, s'en aperçut et lui en demanda le sujet. Il lui répondit
qu'il avoit reçu une lettre pareille à la sienne et qu'il croyoit
n'avoir rien perdu au change, puisqu'actuellement qu'il lui
parloit il avoit à ses côtés une des jolies petites filles de
Paris, qui valoit bien celle qu'on lui proposoit.

Pour décider la question, M. de Bouville voulut la voir
absolument ; l'autre feignit de s'y opposer afin d'exciter sa
curiosité. Mais quelle fut la surprise de M. de Bouville lorsque, tirant le rideau, il reconnut la demoiselle Rosette qui lui
étoit proposée comme toute neuve. On rit beaucoup de l'aventure, et dans les vingt-quatre heures, elle fut sçue de tout Paris.

On m'a assuré que cette Beaumont qui a aussi élevé la
D^lle Désirée, danseuse à l'Opéra, subsistoit encore à Paris et
qu'actuellement [1751] elle en éduquoit une toute jeune et fort
jolie. (BIBL. DE L'ARSENAL : *Archives de la Bastille*, 10.238).

(B). — Tableau chronologique des rôles créés ou repris par Mlle Deschamps à l'Académie royale de Musique et de Danse.

Zoroastre, tragédie de Cahusac, musique de Rameau, créée le 5 décembre 1749 : *Une Bergère*, au cinquième acte.

Platée ou Junon jalouse, ballet bouffon de Autreau et Ballot de Sauvot, repris le 5 février 1750 : *Une Paysanne vendangeuse*, dans le prologue.

Tancrède, tragédie de Danchet, musique de Campra, reprise le 22 février 1750 : *Une Suivante de la Paix*, dans le prologue.

Léandre et Héro, tragédie de Lefranc de Pompignan, musique du marquis de Brassac, créée le 21 avril 1750 : *Une Romaine*, dans le prologue : *une Prêtresse*, au cinquième acte.

Les Festes vénitiennes, ballet de Danchet, musique de Campra, repris le 16 juin 1750 : *Une Vieille, suivante de la Folie,* dans le prologue ; *un Masque galant*, dans la troisième entrée (*Le Bal*).

Almazis, ballet de Moncrif, musique de Royer, créé le 21 août 1750 : *Une Scythe*.

Linus, ballet de Moncrif, musique de Brassac, créé le 21 août 1750 : *Une Egyptienne*, dans le premier divertissement.

Thétis et Pelée, tragédie de Fontenelle, musique de Colasse, reprise le 3 décembre 1750 : *Une Heure de la suite du Soleil*, dans le prologue ; *une Grecque de la suite de Jupiter*, au deuxième acte.

Titon et l'Aurore, opéra-ballet de Roy, musique de Bury, créé le 18 février 1751 : *Une Suivante d'Hébé*.

Eglé, ballet de Laujon, musique de La Garde, créé le 18 février 1751 : *Une Suivante de la Fortune*.

Les Indes galantes, ballet héroïque de Fuzelier, musique de Rameau, repris le 8 juin 1751 : *Un Plaisir*, dans le prologue.

Les Sauvages, de Fuzelier, musique de Rameau, entrée ajoutée aux Indes Galantes (en 1736), reprise en supprimant l'entrée du *Turc généreux*, le 3 août 1751 : *Une Sauvagesse*.

Les Génies tutélaires, divertissement de Moncrif, musique de Rebel et Francœur (à l'occasion de la naissance du duc de Bourgogne), créé le 21 septembre 1751 : *Une Suivante de la Fée de la France*.

Acante et Céphise, ou la Sympathie, pastorale héroïque de Marmontel, musique de Rameau, créée le 19 novembre 1751 : *Une Fée, suivante de Zirphile*, dans le premier divertissement du premier acte.

Pygmalion, ballet de La Motte, musique de Rameau, créé le 2 décembre 1751 : *Un Ris*.

La Vue, fragment des Sens, ballet de Roy, musique de Mouret, repris le 2 décembre 1751 : *Une Bergère*.

Omphale, tragédie de La Motte, musique de Destouches, reprise le 14 janvier 1752 : *Un Plaisir*, dans le prologue.

Acis et Galathée, pastorale héroïque de Campistron, musique de Lulli, reprise le 6 juin 1752 : *Une Suivante de Neptune*, au troisième acte.

Alphée et Aréthuse, ballet de Danchet, musique de Campra, repris le 22 août 1752 : *Une Ombre heureuse*.

Les Amours de Tempé, ballet héroïque de Cahusac, musique de Dauvergne, créé le 7 novembre 1752 : *Une Egyptienne*, dans la première entrée (*Le Bal ou l'Amour discret*); une *Bergère*, dans la deuxième entrée (*La Fête de l'Hymen ou l'Amour tendre*) ; une *Pastourelle*, dans la quatrième entrée (*Les Vendanges ou l'Amour enjoué*).

Titon et l'Aurore, pastorale héroïque de La Motte et l'abbé de La Marre, musique de Mondonville, créée le 9 janvier 1753 : *Un Ris*, au troisième acte.

La scaltra governatrice (La gouvernante rusée), opéra burlesque italien, avec divertissement, de Joachim Cocchi, créé le 25 janvier 1753 : *Une Jardinière*.

Le Devin du village, intermède, paroles et musique de J.-J. Rousseau, créé le 1er mai 1753 : *Une Jeunesse*.

Les Festes grecques et romaines, ballet de Fuzelier, musique de Blamont, repris le 5 juin 1753 : *Une Pastourelle*, dans la troisième entrée (*Les Saturnales*).

Les Festes de Polimnie, ballet héroïque de Cahusac, musique de Rameau, repris le 21 août 1753 : *Une Syrienne*, dans la deuxième entrée (*L'Histoire*).

Deucalion et Pirrha, ballet héroïque de Saint-Foix, musique de Girard et Le Breton, créé le 3o septembre 1755 : *Un des Jeux et Ris de la suite de l'Amour, transformés en Bergers.*

Roland, tragédie de Quinault, musique de Lulli, reprise le 11 novembre 1755 : *Une Amante enchantée,* au deuxième acte ; *une Femme de Catay,* au troisième acte ; *une Suivante de la Fée Logistile,* au cinquième acte.

Zoroastre, opéra de Cahusac, musique de Rameau, repris le 2o janvier 1756 : *Une Bactrienne,* dans le second divertissement du deuxième acte ; *une Jeune Habitante du rivage du fleuve de Bactre,* dans le premier divertissement du troisième acte ; *une Bergère,* au cinquième acte.

Le Carnaval et la Folie, ballet de La Motte, musique de Destouches, repris (en fragments) le 26 février 1756 : *Un Matelot,* au premier acte.

Le Temple de Gnide, ou le Prix de la Beauté, pastorale de Bellis et Roy, musique de Mouret, reprise le 29 avril 1756 : *Une Bergère.*

Zaïde, reine de Grenade, ballet héroïque de La Marre, musique de Royer, repris le 17 août 1756 : *Une Abencerage,* au premier et au troisième actes ; *une Chasseresse,* au deuxième acte.

Célime ou Le Temple de l'Indifférence détruit par l'Amour, ballet de Chenevières, musique du chevalier d'Herbain, créé le 28 septembre 1756 : *Une Chasseresse,* dans le deuxième divertissement.

Alcione, tragédie de La Motte, musique de Marais, reprise le 19 octobre 1756 : *Une Prêtresse,* au quatrième acte ; *une Néréide,* au cinquième acte.

Issé, pastorale héroïque de La Motte, musique de Destouches, reprise le 23 décembre 1756 : *Une Suivante d'Hilas,* au premier acte ; *une Bergère,* au deuxième acte ; *une Chinoise,* au cinquième acte

Hippolyte et Aricie, tragédie de Pellegrin, musique de Rameau, reprise le 25 février 1757 : *Une Bergère,* au cinquième acte.

Les Surprises de l'Amour, ballet composé de trois actes séparés (*sic*) de Bernard, musique de Rameau, créé le 31 mai 1757 : *Un Plaisir,* au premier acte (*L'Enlèvement d'Adonis*) ; *une Syrène,* au deuxième acte (*La Lyre enchantée*) ; *une Esclave d'Anacréon,* au troisième acte (*Anacréon*).

Les Sibarites, acte de ballet de Marmontel, musique de Rameau, créé le 12 juillet 1757 : *Une Sibarite.*

Les Amours des Dieux, ballet héroïque de Fuzelier, musique de Mouret, repris le 16 août 1757 : *Une Néréide,* dans la première entrée (*Neptune et Amymone*) ; *une Bacchante,* dans la troisième entrée (*Ariane et Bacchus*).

Alceste ou Le triomphe d'Alcide, tragédie de Quinault, musique de Lulli, reprise le 15 novembre 1757 : *Une Matelotte,* dans le deuxième divertissement du premier acte ; *une Bergère,* dans le premier divertissement du cinquième acte.

Les Festes de Paphos, ballet héroïque de Collet de Messine, La Bruère et l'abbé Voisenon, musique de Mondonville, créé le 9 mai 1758 : *Une Nymphe de la suite d'Erigone,* au deuxième acte (*Bacchus et Erigone*) ; *une Suivante de l'Inconstance,* au troisième acte (*L'Amour et Psyché*).

Proserpine, tragédie de Quinault, musique de Lulli, reprise le 14 novembre 1758 : *Une Nymphe de la suite de Proserpine,* au deuxième acte.

Pirame et Thisbé, tragédie de La Serre, musique de Rebel et Francœur, reprise le 23 janvier 1759 ; *Une Asiatique,* au premier acte ; *un Esprit aérien,* au quatrième acte.

Le Carnaval du Parnasse, ballet héroïque de Fuzelier, musique de Mondonville, repris le 22 mai 1759 : *Madame de Sottenville,* au premier acte ; *une Vieille,* au troisième acte.

Apollon berger d'Admette (3ᵉ acte des *Fragmens héroiques*), de Le Franc de Pompignan, musique de Grenet, créé le 20 juillet 1759 : *Une Bergère.*

Les Festes vénitiennes, ballet de Danchet, musique de Campra, repris le 28 août 1759 : *Une Bohémienne,* dans la première entrée (*Les Devins de la Place Saint-Marc*) ; *une Espagnolette,* dans la troisième entrée (*L'Amour saltimbanque*).

(C). — Sur cette demoiselle Pelissier, de qui la célébrité de femme galante égala presque celle de la Deschamps, voici une poignée de fiches de police qui jettent, en tous cas, un jour nouveau sur le lieu d'asile des débiteurs parisiens au dix-huitième siècle, l'Enclos du Temple, propriété du prince de Conti :

26 juillet 1752. — La D^{lle} Pélissier, demeure rue des Deux-Ecus, près de l'ancien hôtel de Soissons, du côté de la rue des Prouvaires, chez un cordonnier.

Elle est âgée de 25 ans, fort bien faite, blonde, de visage plein, un peu marquée de petite vérole, la bouche et la gorge belles.

Si on veut l'en croire, sa famille a beaucoup d'illustration et elle n'est venue en France que pour s'y divertir, bien loin de chercher à y faire fortune.

Néanmoins, on sçait qu'elle est née aux environs de Riga, capitale de la Livonie, de père et mère fort pauvres et qu'elle n'est que la femme d'un tambour du régiment de Munchau, au service du roy de Prusse.

A l'occasion de la dernière guerre, elle vint de Prusse en Bohême et de Bohême en Saxe, où elle quitta son mari pour suivre l'armée de la reine de Hongrie sur les bords du Rhin ; de là elle passa dans celle des alliés, en Flandres, où, comme l'on pense, elle détailla beaucoup ; de poste en poste, elle arriva enfin à Aix-la-Chapelle.

Après avoir servi de plastron à toute la suite des ministres qui composoient l'assemblée du Congrès, elle profita de la neutralité pour se rendre à notre armée, pour lors occupée à faire le siège de Maëstricht.

Le marquis de Colandre, colonel du régiment Royal-Piémont, la ramassa dans la bourbe du quartier général (car elle étoit aux domestiques) et l'entretint. La campagne finie, elle revint avec lui à Paris, où il la logea rue des Moineaux, Butte

St-Roch, chez le sellier, au premier. Ce fut lui qui la quitta. Elle lui donna pour successeur Gineste, commissaire des grâces, qui ne fit qu'une apparition par défaut de finances ; avec celui-cy, elle prit sa revanche en le congédiant pour s'attacher au baron d'Augnières, Hollandois riche et généreux qui lui donna beaucoup...

[Suit l'anecdote relative à M. de Chabon, enlevé par ruse à la Deschamps, et que la Pelissier garda environ un an, jusqu'à son départ de Paris].

...Vers ce même temps (continue le rapport) elle perdit aussi le baron d'Augnières. Faisant cependant bonne contenance, elle prit un carrosse de remise au mois, pour courir de chambre garnie en chambre garnie, et vécut ainsi au jour et à la journée avec les étrangers qui y étoient logés. Cette conduite qui étoit fort de son goût, lui produisit plus qu'une intrigue réglée. En très peu de tems elle amassa beaucoup d'argent, mais elle joignit la vérolle, ce qui l'obligea à faire retraite.

Pour dépayser tout le monde et ménager sa réputation, elle s'échappa un beau matin de son appartement (c'étoit en novembre 1750) laissant à la garde de ses meubles une servante qui publia partout que sa maîtresse étoit allée faire un héritage en Hollande.

Cependant cette disparition jetta l'alarme parmi ses créanciers qui, croyant qu'elle avoit fait banqueroute, clabaudèrent beaucoup.

Le voyage en Hollande ne dura que deux mois, au bout desquels elle reparut, grâce à M. Saint-Cosme, en état de rentrer en lice (1).

---

(1) Jean Baseilhac, dit le frère Cosme ou Saint-Cosme, était un chirurgien, fils, petits-fils et neveu de chirurgiens. Il était né en 1703 ; il mourut en 1781.

Il prit l'habit chez les feuillants en 1740, par piété. A cette époque il était chirurgien exercé et se consacra tout entier au soulagement des pauvres, qu'il recevait dans un hospice fondé et entretenu par lui avec le prix que les riches lui offraient pour ses soins. Bien qu'il ait embrassé toutes les parties de la pratique, son nom se rattache cependant d'une manière plus particulière à l'opération de la taille. (*Biographie Didot*).

Le choix du nom pris en religion par Jean Baseilhac, venait évidemment de ce que saint Cosme était le patron des chirur-

L'argent qu'elle avoit gagné dans ce détail immense servit
d'abord à payer tous ses créanciers et le souvenir du passé
réveilla en elle le désir de faire le remplacement de cet argent
par la même voye, sans redouter les dangers qu'elle avoit
courus et auxquels elle venoit d'échapper. Déjà elle avoit
entamé la besogne, lorsqu'elle trouva M. Lalive d'Epinay qui
la prit mais qui s'en dégoûta bientôt.

Maintenant, c'est-à-dire depuis un an, elle appartient à
M. de Come, Anglois, gros joueur, demeurant rue de Richelieu, chez Gagne, baigneur, qui l'entretient sur le bon ton...
Elle a un fort bel appartement, femme de chambre, laquais,
cuisinier et laveuse de vaisselle.

La cuisine paroit aussi être fort bien fondée et il y a apparence que cela durera, car l'Anglois est amoureux et couche
presque toutes les nuits chez elle.

On assure cependant que, depuis quelques jours, il est
beaucoup refroidi sur son compte ; d'autres veulent qu'il l'ait
quittée totalement sur ce qu'il a appris que, pendant les couches de la Dⁱˡᵉ Lemière, elle étoit continuellement chez le duc
de Grammont, à sa petite-maison de la rue de Clichy.

De son côté, la Dⁱˡᵉ Pelissier ne fait aucun effort pour dis-
suader Come ; au contraire elle affecte de dire à ceux avec
qui elle est en liaison qu'une applique de diamans et des pen-
dans d'oreille estimés valoir 8.000 livres, viennent du duc de
Grammont, pendant que l'on a une espèce de certitude qu'elle
les a achetés elle-même tout récemment, et qu'elle se fait honneur à ses dépens. D'ailleurs le duc n'est pas homme à
donner 8.000 livres de diamans *(Archives de la Bastille*,
10.238).

20 avril 1753. — Pelissier (rue des Deux-Ecus) fait toujours grand fracas ; elle a le baron de Basinski, Polonois.

Il y a chés elle concours d'étrangers et les jeux de hasard
qui succèdent aux soupers lui valent beaucoup plus que les
25 louis du baron.

M. l'Évêque de Soissons, François, duc de Fitz-James, rend

giens. On disait *heurter à la boutique de saint Cosme,* pour :
avoir besoin d'un médecin. Mais, étant donnée la spécialité du
frère Saint-Cosme, le populaire, qui attribuait une origine
galante à toutes les maladies des voies urinaires, détourna l'ex-
pression de son acception antérieure et l'appliqua dorénavant au
traitement des seules affections vénériennes.

aussi de fréquentes visites à la D^lle Pelissier ; on ne sait si c'est à titre de joueur ou d'opérateur (*Archives de la Bastille*, 10.238).

14 novembre 1753. — Depuis environ quatre mois, Pelissier a fait divorce avec Come, Anglois. Il vient chez elle, mais c'est pour jouer et perdre son argent.

M. de St-Jean deffraye la demoiselle et lui donne considérablement (*Archives de la Bastille*, 10.238).

12 août 1754. — Pelissier a fait la conquête de l'ambassadeur de Venise, rue St-Maur, le chevalier ***, il lui donne 600 livres par mois (*Archives de la Bastille*, 10.238).

7 octobre 1754. — La D^lle Pelissier vient enfin de faire banqueroute et l'on tient que depuis longtems elle prémédite ce coup.

Samedi dernier, un de ses créanciers a pris sentence par corps. Dès le lendemain matin elle a pris le parti de déloger, suivie seulement de sa femme de chambre ; elle emporte avec elle robes, linge, dentelles, bijoux, argenterie. etc. (*Archives de la Bastille*, 10.238),

14 octobre 1754. — La D^lle Pelissier n'est point allée à Londres ; elle n'est point non plus à Avignon, comme le bruit en couroit.

Pourquoi, ajoute-t-on, courroit-elle si loin chercher un asile, lorsque, dans le sein de Paris, il en est un assuré pour toutes sortes de brigandages ?

On dit donc qu'elle est dans le Temple, chez le nommé Beaumat, tapissier.

On tient cette anecdote du comte de Montmorency, qui comme attaché au prince de Conti, a aussi son logement dans cet enclos (*Archives de la Bastille*, 10.238).

Ce dernier rapport nécessite quelques explications.

Entre la rue Vendôme (aujourd'hui Béranger), la rue de la Corderie, la rue du Temple et la rue Charlot, était alors un vaste enclos, entouré de murailles, avec une unique porte sur la rue du Temple. C'était le prieuré du Temple, dont le prince de Conti était grand-prieur.

Outre l'église, le cloître et le palais prieural, rebâti par Mansard et terminé en 1667, l'enclos contenait divers hôtels : celui de Guise, celui du marquis de Lavallière, celui du bailli de Saint-Simon, celui de Pontcarré, celui de Mme de Belloy. Le reste était de petits logements, maisons bourgeoises, avec boutiques. Plusieurs cours intérieures : du Lion d'Or, du Chameau, etc., étaient entourées d'habitations d'ouvriers et de commerçants ; la principale de ces cours était celle de l'Indemnité.

Le Temple jouissait, en faveur de ses tenanciers et de tous ceux qui venaient y demander aide et protection, de deux privilèges : l'*asile* et la *franchise*.

Le droit de franchise permettait d'y exercer tout métier ou commerce en dehors des droits des corporations de Paris.

Le droit d'asile protégeait tous les gens qui venaient se réfugier dans la Maison contre les poursuites de la justice. Mais à partir du dix-septième siècle, c'est surtout comme refuge des débiteurs que l'enclos du Temple est connu. Les lieux d'asile étaient alors plus rares et d'ailleurs cette enceinte aux vastes proportions, avec ses beaux jardins et l'abondance de toutes choses, était devenue à cette époque un séjour agréable. Au commencement, les débiteurs n'y séjournaient pas longtemps. C'était seulement un moyen d'échapper aux poursuites violentes, aux prises de corps, aux persécutions brutales. Au dix-huitième siècle, les débiteurs prirent l'habitude d'y demeurer davantage et même au besoin de s'y fixer. Cela devint une mode. Les habitants de l'enclos, loin de s'en plaindre, y trouvaient leur avantage, tant parce que le commerce en était plus prospère que parce qu'ils sous-louaient fort cher toutes les chambres dont ils pouvaient disposer. La Maison elle-même s'était créé une source de revenus dans la location courante de chambres ou d'appartements meublés.

Les débiteurs devaient se soumettre à la juridiction du bailliage et à l'autorité du grand-prieur ; se conformer à tous les usages et règlements de l'enclos. On n'exigeait d'eux que peu de chose : tranquillité, respect de l'autorité.

Mais on exerçait sur eux une surveillance active ; des officiers étaient chargés de la répression des abus et tenaient « un registre exprès de toutes les personnes que le malheur de leurs affaires y fait retirer, lesquels ne le peuvent encore sans la permission expresse de S. A. le grand Prieur » (H. de Curzon : *La Maison du Temple* ; Paris, 1888, in-8).

9 décembre 1754. — Etayée de la protection du bailly de Saint-Simon, la D^lle Pelissier est toujours dans le Temple et paroît se mettre peu en peine de la mauvaise humeur de ses créanciers qui doivent au premier jour procéder à la vente de ses meubles. Au contraire elle affecte de se divertir.

Toutes les semaines elle donne des bals et en fait les honneurs (*Archives de la Bastille*, 10.238).

21 novembre 1755. — La D^lle Pelissier se tient cantonnée dans le Temple où, en dépit de ses créanciers, elle cherche à varier ses plaisirs et à tirer tout le parti qu'elle peut de ses talens.

Le sieur Le Mayrat, de la compagnie de Couvillan, est toujours en possession de lui plaire et, elle, de lui tirer tout ce qu'elle peut, mais comme cette source n'est pas assez abondante pour fournir à ses besoins, elle y supplée tantôt en donnant des bals, tantôt en faisant quelqu'article en ville. Il y a plus : pour prouver combien elle est ménagère du tems et comme aussi elle a à cœur de le mettre à profit, elle procure des femmes qu'elle choisit particulièrement dans la bourgeoisie. Ce dernier mouvement de sa complaisance et de son attachement au public lui a mérité la bienveillance de M. le comte de la Marche qui lui rend de fréquentes visites. Quelquefois l'affaire se consomme chés elle ; d'autre fois on mène les dames à la petite-maison que le prince a à la barrière Blanche.

On assure que toutes les réfugiées du Temple vont perdre un grand protecteur dans la personne du bailli de Saint-Simon qui part incessamment pour aller à Malte (*Archives de la Bastille*, 10.238).

9 avril 1756. — On assure que l'abbé Barbier, chargé de la
police du Temple jusqu'au retour du bailli de Saint-Simon,
a fait notifier à la D^lle Pelissier qu'elle eût à translater son
domicile ailleurs, sinon qu'il permettroit à ses créanciers de
faire mettre à exécution les sentences qu'ils ont obtenues contre
elle. Cette antienne l'a un peu déconcertée d'abord ; mais, par
l'entremise de quelques amis, elle a obtenu un délai de
quelque mois.

M. le comte de Bissy, brigadier de cavalerie, capitaine-lieu-
tenant de Gendarme-Dauphin, deffraye depuis deux mois la
D^lle Pelissier, à qui il donne 1.000 à 1.200 livres par mois
(*Archives de la Bastille,* 10.238).

11 février 1757. — L'abbé Barbier, commandeur de l'ordre de Malte qui a remplacé le bailli de Saint-Simon, devoit,
à son avénement dans le Temple, en expulser toutes les catins
qui s'y étoient réfugiées, à commencer par la D^lle Pelissier.

Au lieu de cela, elle fait aujourd'hui sa partie et il fait la
sienne. On ne prétend cependant inférer de là qu'il entre rien
de galant dans leur commerce ; d'ailleurs, l'abbé a plus de
60 ans. Mais toujours est-il vrai qu'il l'invite de tems en tems
à dîner chés lui, lors même qu'il y a bonne compagnie et
que, par contre, il va aussi chés elle (*Archives de la Bastille,*
10.238),

(**D**). — Nous extrayons de la préface des *Petites Maisons galantes de Paris*, quelques lignes sur l'agent
Meusnier. Le lecteur complètera utilement cette
notice écourtée en consultant, dans la *Revue Rétrospective* (année 1892, tome XVII, p. 217), une
excellente étude sur ce « policier homme de lettres », par M. Paul d'Estrées.

... Paris possédait alors un lieutenant de police assez
enclin à la gaillardise et qui, parvenu à ce tournant de la
vie qu'un littérateur célèbre a nommé « l'âge heureux de
l'impuissance » aimait à tisonner encore les restes d'un feu
mal éteint. M. Berryer avait à ses ordres toute une équipe
de mouchards spéciaux, préposés à la surveillance des mauvaises mœurs. Chaque matin, à sa toilette, ce « voyeur »
cérébral se délectait aux rapports qui lui étaient fournis par
ses limiers sur les débauches de ses administrés des deux
et même des trois sexes. Parfois, le soir, il étonnait fort
quelque seigneur de la Cour en lui contant par le menu les
fredaines que celui-ci croyait le mieux cachées.

Ces rapports ont été conservés, ils abondent en détails
piquants...

Parmi les inspecteurs employés au service galant, le sieur
Meusnier fut le plus habile à rédiger ces anecdotes. Il excellait
à en dégager tout ce qu'il importait de savoir : le nom, la fortune, la munificence des personnages. Seigneurs français ou
nobles étrangers étaient « filés » par lui avec une admirable
sûreté de direction, avec un flair et un tact remarquables.
Leur figure, leur taille, leur âge, jusqu'à leurs signes parti-
culiers ; leur demeure clandestine, son ameublement, le prix
du loyer et le prix de la femme ; leurs contrats et ventes, leurs
conflits judiciaires, leurs batailles et leurs sâouleries, rien
n'était omis par Meusnier qui joignait, dans ses rapports, à
une observation profonde, le trait pittoresque et le mot pince-
sans-rire.

Meusnier n'était point sans culture. Il avait servi d'abord dans les Vivres, puis avait été commis aux Aides sous les ordres du fermier-général Savalette. C'est dans ce poste que sa mauvaise fortune avait mis sur sa route la femme qui devait faire le malheur de sa vie. Dès lors qu'il eut épousé Geneviève Longagne, sa maîtresse, celle-ci se livra aux excès d'un tel libertinage qu'il se vit dans l'obligation de la faire enfermer. Ces mésaventures conjugales expliquent assez la rancune qu'il gardait aux femmes en général et l'espèce de satisfaction cynique avec laquelle il détaillait leurs dévergondages.

Inflexible dans ses fonctions autant qu'il était « rosse » dans les termes de ses rapports, Meusnier amassa sur sa tête tant de haines, qu'en mars 1757, tandis qu'il conduisait un prisonnier au Château d'If, il périt, assassiné sur la route par le nommé Herment, un de ses clients ordinaires...

(E). — Deux pièces inédites donneront au lecteur une idée suffisante des mœurs privées du duc d'Orléans. La première est un rapport de police de l'agent Meusnier :

Du 4 août 1753. — On rapporte une aventure arrivée au duc d'Orléans, quelques jours avant le voyage de Compiègne. Si elle est vraïe, elle est originale. Voici le fait : il se promenoit un soir, entre chien et loup, dans le jardin du Palais-Royal, avec le baron de Bezenval. Après avoir fait quelques tours, il se sentit en belle humeur ; il dit au baron : « Comment ! je ne trouverai pas une p... pour me manualiser ! » (en tranchant le terme !). Un moment après, le baron en vit une qui étoit désœuvrée ; il fut la provoquer et sa proposition fut acceptée. Le prince la suivit au fond d'une allée, dite présentement : d'Argenson, autrefois : celle de Bulgarie, à cause des b... qui s'y assembloient. Pendant qu'ils dépêchoient leur besogne, M. de Bezenval ayant fait mine, par respect, de se retirer, courut bien vite chercher le suisse qui est à la porte de la rue Neuve-des-Petits-Champs, et lui demanda si c'étoit ainsi qu'il s'acquittoit de son devoir ; qu'il n'avoit qu'à aller dans tel endroit, et qu'il y verroit de belles choses. Aussitôt le suisse y courut, bien disposé à faire un mauvais parti à ceux qu'il trouveroit en flagrant délit. Mais le duc d'Orléans l'ayant apperçu, prit ses jambes à son col et court encore, laissant la donzelle aussi déroutée que mécontente, car il ne l'avoit pas encore payée. Ce ne fut pas tout. Elle eût eu bien de la peine à se tirer des mains du suisse qui l'avoit arrêtée, si, après avoir protesté qu'elle n'étoit là que pour rendre service à Monseigneur, il n'avoit effectivement entrevu son maître dans le lointain qui se sauvoit. On tient cette aventure du sieur de Guldinay d'Attainville, lieutenant du baron de Bezenval, auquel il l'a racontée. (*Archives de la Bastille,* 10.244).

La seconde pièce est extraite d'un manuscrit conservé à la Bibliothèque nationale, faisant partie d'un recueil de chansons, et intitulé : *Sommaire des prouesses et faicts merveilleux arrivés dans Lutèce, capitale du royaume des Lesgau* [Gaules], *depuis l'Égire.* Ce n'est en effet qu'une suite de sommaires ; le texte absent des chapitres est remplacé par des notes marginales servant à éclairer les obscurités, d'ailleurs très relatives, de chaque sommaire.

CHAPITRE VIII. — S'ensuit la Chronicque de plusieurs princes, seigneurs et damoiselles de la cour de Sequinzouil [Louîs Quinze] ; comme quoi Sancho Pança [le duc d'Orléans] l'un d'eux, épousa la sœur du prince de Tinoc [Conti] ; comme quoi icelle paillarde ribaudoit moult grandement avec le preux chevalier de Formel [Melfort] et d'iceluy ribaudage est advenu gentil bastard qui fut reconnu pour tel par le prince des Guespins, son grand-père ; comme quoi Sancho Pança paillardoit avec gentilles garces, au grand émerveillement de tous, et cuidoit, par ses esbats, se vanger de la sœur du prince de Tinoc, sa femme.

En marge, cette note :

Le duc d'Orléans aujourd'hui est extrêmement gros. Il a épousé la sœur du prince de Conty, qui est très vive et très débauchée. Son commerce avec le comte de Melfort est connu de tout le monde. L'on prétend même que le duc de Chartres et Mlle de Montpensier proviennent des fruits de leurs amours. Ce qu'il y a de certain, c'est que M. le duc d'Orléans, père de celui-cy, n'a pas voulu les reconnoître pour ses petits-enfants. Il est appelé le prince des Guespins, parce que les habitants d'Orléans sont appelés Guespins. Le duc d'Orléans d'aujourd'huy est très débauché ; il a déjà eu beaucoup de maîtresses et court malgré cela tous les bordels de Paris. Il ne voit plus sa femme depuis longtemps ; mais elle s'en console dans les bras de celui qu'elle peut attrapper. Elle a le maintien de la plus grande gourgandine de Paris, et en fait parade. (Bibl. Nationale : *Manuscrits français*, 10.479).

(F). — Procès-verbaux de l'enquête de police relative au viol de la jeune Pagès, sœur de la Deschamps.

INTERROGATOIRE *par François Merlin, commissaire, de la personne de Victoire Lesueur, âgée d'environ 24 ans, femme de Jean-Baptiste Le Boucher, chef de cuisine de M. le duc de Mirepoix; elle cuisinière, demeurante rue de Grenelle-Saint-Germain.*

Du samedy 7 avril 1753, cinq heures de relevée.

Interrogée si elle n'étoit pas au service de la dame Deschamps, le dimanche 25 mars dernier ;

A répondu qu'elle a été au service de la dame Deschamps, depuis environ trois mois et qu'elle n'en est sortie qu'avant-hier ;

Interrogée si la D^{lle} Deschamps, sœur de la dite dame Deschamps, n'y a pas soupé, le dit jour de mars, vingt-cinq, et si la dite dame Deschamps, après le souper, n'a pas conduit sa sœur dans la chambre de la dite Victoire pour y coucher ;

A répondu qu'ouy et qu'elle lui a cédé son lit ;

Interrogée si la nommée Hurel, dite la Boiteuse, n'étoit pas alors à souper avec la dite Victoire et les nommés La Jeunesse et Saint-Jean, laquais de la dite dame Deschamps ;

A répondu qu'elle n'a pas soupé, qu'elle a bien mangé un morceau en allant et venant parce qu'elle bassinoit le lit de sa maîtresse et étant occupée à sa toilette, qu'il est vray que la Boiteuse a soupé, ainsi que les deux laquais ;

Interrogée si un instant après que la dite Deschamps a été couchée, la dite Victoire ne l'a pas fait relever pour venir boire avec eux ;

A répondu qu'elle n'a pas fait lever la D^{lle} Deschamps ;

Interrogée si la dite Deschamps ne s'est pas relevée d'elle-même ;

A répondu qu'elle ne l'a pas vue se lever ;

Interrogée dans quel tems s'est couchée la dite D^{lle} Deschamps, si c'étoit avant le soupé du domestique ou si c'étoit après ;

A répondu qu'elle n'a pas vu coucher la D^{lle} Deschamps, parce qu'elle alloit et venoit pour le service de sa maîtresse et qu'elle, répondante, ne s'est couchée qu'après sept heures du matin, ce qui lui arrivoit ordinairement, parce que la dame Deschamps se couchoit toujours fort tard ;

Interrogée s'il n'est pas vray que ladite Victoire ayant fait lever la dite D^{lle} Deschamps, elle n'a pas forcé la dite D^{lle} Deschamps de boire du vin pur ;

A répondu qu'elle ne lui a point vu boire de vin dans la cuisine, et qu'il n'auroit pas été besoin de la forcer pour lui faire boire du vin, parce que très souvent la dite D^{lle} Deschamps en envoyoit chercher pour elle et notamment la répondante lui a été chercher une chopine de vin blanc ; et dit d'elle-même la répondante que le jour en question, qu'elle coucha dans son lit, la D^{lle} Deschamps s'étoit grisée en soupant avec sa sœur, de façon que la dite dame Deschamps, pendant le cours du soupé, avoit défendu qu'on lui donnât à boire davantage ;

Interrogée si, après que le nommé Saint-Jean fut party pour s'en aller coucher, le nommé Lajeunesse ne prit pas la dite Deschamps à brasse-corps, la jeta sur son lit, se mit sur elle, et s'efforça d'en jouir, à quoy il parvint à l'aide de la répondante qui lui tenoit la tête et de la Boiteuse qui lui tenoit les pieds ;

A répondu que cela n'est pas vray et qu'elle n'a jamais rien vu de pareil et dit d'elle-même la répondante que le lendemain, qui étoit un dimanche au matin, la répondante s'est aperçue que le nommé Saint-Jean, sortant de la chambre où étoit la D^{lle} Deschamps rioit, et la répondante étant entrée dans la dite chambre, la dite Deschamps lui dit que Saint-Jean l'avoit fait endêver, qu'elle avoit bien voulu rire, mais qu'elle ne le vouloit plus ; que la répondante lui représenta qu'il ne lui convenoit point de se familiariser avec des laquais et, sur ce, la dite Deschamps dit : « Bon, ma sœur avoit un laquais qui m'a f. . . ., je couchois sur une soupente, il montoit à l'échelle et venoit tous les matins » : qu'elle ajouta que Lajeunesse étoit trop mou, et que, si elle avoit un v.. à prendre, qu'elle choisirait celui de Saint Jean parce qu'il étoit plus gros ; que Saint-Jean et Lajeunesse étoient dans la cuisine, sur laquelle donne la chambre où étoit la dite Deschamps, et Saint-Jean lui répondit qu'il lui feroit trop de

mal, à quoi la dite Deschamps répondit qu'elle le souffriroit
avec plaisir ; qu'il y avoit aussi une nommée la Barré et le
domestique d'un seigneur étranger qui vient assez assidu-
ment chez la dite Deschamps, lequel domestique ayant entendu
Saint-Jean qui disoit que cette petite fille-là, si on vouloit
l'avoir on l'auroit, dit : « Bon, moy j'aurois été à travers les
choux », à quoy Saint-Jean répondit qu'il ne les aimoit pas si
jeunes ;

Interrogée si ce ne fut pas la Boîteuse qui mit le drap à la
fenêtre en guise de rideau, un instant avant que Lajeunesse
la jetât sur son lit ;

A répondu qu'elle ne l'a pas vu ;

Interrogée si le dit Lajeunesse ne lui a pas bouché la bouche dans le tems qu'il jouissoit d'elle pour l'empêcher de
crier ;

A répondu qu'elle n'a pas vu cela et dit d'elle-même la
répondante que sur les menaces qu'elle fit à la dite Deschamps
d'en donner avis au sieur Deschamps, son beau-frère, elle
s'est jetée à ses genoux pour la prier de n'en rien dire,
en lui promettant que cela ne lui arriveroit plus ;

Et depuis la dite répondante a dit d'elle-même que le
domestique qui étoit présent dans le tems des discours qu'elle
vient de rapporter de la dite Deschamps se nomme Lafrance,
qu'il est au service de M. le marquis de Saugeon et non pas
d'un seigneur étranger comme elle l'avoit dit d'abord parce
qu'elle ne vouloit pas nommer M. de Saugeon par discrétion ;

Dit encore d'elle-même la déposante, qu'elle a vu la dite
Deschamps, le même jour dimanche, en présence de la dite
Barré qui a cy-devant servi la dite dame Deschamps, prendre
le nommé Saint-Jean et le nommé Lajeunesse par les parties
et par-dessus la culotte en leur disant qu'ils étoient des
Jean-f… et qu'ils étoient trop mols ; dit de plus la répondante
qu'étant allée chez le sieur Rigolleau, elle y trouva le sieur
Marquet qui, sur ce que l'on parloit de la dite Deschamps la
jeune, dit qu'il y avoit un de ses amis qui lui avoit dit qu'elle
en savoit plus que luy et qu'elle nommoit tout par son nom.

Lecture faite, etc., etc.

INTERROGATOIRE *de la V^ce Kesel, revendeuse à la toilette
(Marguerite Hurel, Vve de Kesel), 5o ans.*

Du samedy 7 avril 1753

Interrogée si elle n'étoit pas chez la dame Deschamps le
dimanche 25 mars dernier, et si elle n'y a pas passé la nuit ;

A répondu, après serment par elle fait de dire la vérité, que
ce n'étoit point le dimanche, mais bien le samedy autant
qu'elle peut s'en souvenir, et qu'il est vray qu'elle y a soupé
et qu'elle y a passé la nuit ; que la sœur de la dite dame Deschamps soupa avec la dite dame Deschamps ; qu'après le
soupé la dite dame Deschamps conduisit sa sœur dans la cuisine et la fit entrer dans la chambre qui est ensuite, où
couchoit la nommée Victoire, cuisinière ; qu'elle se coucha
tout de suite ; que pour lors la répondante étoit à souper dans
la cuisine avec la nommée Victoire, cuisinière, le nommé
Lajeunesse, laquais de la dite dame Deschamps, et le nommé
Saint-Jean, autre laquais de la dite dame Deschamps ;

Interrogée si, après que la dite D^lle Deschamps a été couchée, la dite Victoire ne lui a pas dit de se lever pour venir
boire avec eux ;

A répondu que la dite D^lle Deschamps s'est levée et est
venue à leur table ayant un jupon et disant qu'elle n'avoit pas
assez soupé, et n'a pas entendu que la dite Victoire luy ait dit
de se lever ;

Interrogée s'il n'est pas vray que c'est la dite Victoire qui
l'a prise de son lit et qui l'a mise à la table ;

A répondu que non, et que la dite D^lle Deschamps est venue
d'elle-même, autant qu'elle peut s'en souvenir ;

Interrogée si la dite Victoire ne luy a pas offert du vin pur à
boire ;

A répondu qu'on ne luy a pas donné de vin à boire, mais
qu'elle en a pris qui étoit versé dans un verre et qu'elle a bu,
et qu'elle ne luy a vu boire que ce coup-là ;

Interrogée si la dite D^lle Deschamps ne s'est pas trouvée
étourdie du vin qu'elle avoit bu avec eux ;

A répondu que non, observé seulement que la dame Deschamps, sa sœur, dans le tems qu'elle étoit encore à souper
lui demanda si c'est qu'elle étoit grise parce qu'elle rioit sans
propos ;

Interrogée combien elle resta de tems à table dans la cuisine après qu'elle se fût relevée de son lit ;

A répondu qu'elle n'y a pas été une demy-heure et qu'elle ne s'y est pas même assise ;

Interrogée si, après leur soupé, et avant que la D^{lle} Deschamps fût retirée de leur table, le nommé Saint-Jean ne s'en est pas allé coucher, au moyen de quoy la dite D^{lle} Deschamps s'est trouvée seule avec la répondante, la nommée Victoire et le dit Lajeunesse ;

A répondu que les dits deux laquais s'en sont allés ensemble ;

Interrogée si le dit Saint-Jean s'étant retiré, la dite Deschamps n'est pas rentrée dans la chambre pour se coucher ;

A répondu que Saint-Jean alloit et venoit pour emporter ses matelas et aller faire son lit et que la dite Deschamps est entrée dans sa chambre avec la dite Victoire et la répondante et qu'elles se sont couchées toutes trois; savoir : la dite Deschamps dans le lit de la dite Victoire et la déposante et la dite Victoire sur un matelas qu'on avoit retiré du lit ;

Interrogée si le dit Lajeunesse n'est pas resté dans leur chambre et s'il n'a pas passé une partie de la nuit avec eux ;

A répondu que non ;

Interrogée si elle, répondante, n'a pas bouché la fenêtre avec un vieux drap sale en guise de rideau ;

A répondu qu'elle ne s'en souvient pas ;

Interrogée si le dit Lajeunesse, étant resté avec elles trois, n'a pas pris la dite Deschamps à brasse-corps et l'a jettée sur son lit, et s'il ne s'est pas jetté sur elle tout de suite ;

A répondu qu'elle ne l'a pas vu et qu'elle ne l'auroit pas souffert ;

Interrogée si le dit Lajeunesse n'avoit pas sa culotte déboutonnée et si la répondante ne luy a pas tenu les jambes dans le tems qu'il en vouloit jouir ;

A répondu que cela n'est pas vray et qu'elle est bien prête d'en faire serment devant Dieu et qu'elle n'a point vu qu'il se soit fait du mal, qu'elle n'est pas capable de souffrir de pareilles choses, et que l'on peut s'informer d'elle ;

Interrogée s'il n'est pas vray que le dit Lajeunesse a jouy par quatre fois différentes de la D^{lle} Deschamps et si elle ne l'a pas aidé chaque fois ;

A répondu qu'elle jure que cela n'est pas vray ;

Interrogée si le dit Lajeunesse n'avoit pas comploté avec la dite Victoire et la répondante pour faire parvenir le dit Lajeunesse à jouir de la dite Deschamps ;

A répondu que non.

Lecture faite, etc., etc.

Interrogatoire *de Lajeunesse, 19 ans*

Du samedy 7 avril 1753

Interrogé s'il n'étoit pas au service de la dame Deschamps le dimanche 25 mars dernier ;

A répondu qu'il n'est sorti de chez les sieur et dame Deschamps que depuis jeudy au soir et qu'il y étoit depuis environ quatre semaines ;

Interrogé si la D^lle Deschamps, sœur de la dame Deschamps, n'y a pas soupé et couché le 25 mars dernier ;

A répondu que c'étoit la veille d'une fête, ne sçait si c'est la veille de la fête de Notre-Dame ;

Interrogé si, après avoir soupé avec la dame Deschamps, la sœur de la dite dame Deschamps ne l'a pas amenée pour coucher dans le lit de la nommée Victoire ;

A répondu que ouy ;

Interrogé si, après que la dite D^lle Deschamps a été couchée, la nommée Victoire n'a pas fait lever la D^lle Deschamps ;

A répondu qu'il ne le peut pas dire, parce qu'elle s'est relevée dans le tems que le déposant ôtoit le couvert ;

Interrogé si la dite Victoire ne l'a pas fait mettre à table dans la cuisine ;

A répondu qu'il ne sçait pas si c'est la nommée Victoire qui l'a fait mettre à table, mais sçait que la dite D^lle Deschamps y étoit et qu'elle a bu plusieurs coups de vin ;

Interrogé si, après le souper et après que le nommé Saint-Jean a été parti pour s'aller coucher, le dit Lajeunesse ne l'a pas prise à brasse-corps, l'a jettée sur son lit et à l'aide de la nommée Victoire et d'une femme nommée la Boîteuse, il n'a pas jouy de la dite D^lle Deschamps ;

A répondu que cela est faux, comme il est vray qu'il n'y a qu'un Dieu ;

Interrogé s'il n'est pas vray qu'il en ait jouy de cette manière par quatre fois ;

A répondu que cela est faux et a dit de luy-même que la dite Deschamps s'est découverte et disoit qu'elle vouloit qu'on lui mette et que sa sœur avoit eu un laquais qui lui avoit mis ;

Interrogé qu'est-ce qui a mis un drap à la fenêtre en guise de rideau ;

A répondu que c'est la Boîteuse et la nommée Victoire ; parce que la petite fille a dit qu'il falloit le mettre afin qu'on ne vît rien ;

Interrogé s'il sçait ce qu'elle craignoit qu'on vît ;

A répondu que c'est parce que la petite fille se découvroit ;

Interrogé si le lendemain la dite Deschamps ne tint pas des conversations obscènes ;

A répondu qu'il n'a rien entendu ;

Interrogé à quelle heure il s'est couché ;

A répondu qu'il s'est couché à deux heures ;

Interrogé s'il n'a pas profité de l'ivresse de la dite Deschamps pour jouir d'elle et s'il n'avoit pas comploté avec la dite Victoire et la dite Boîteuse de forcer la dite Deschamps ;

A répondu que non et qu'au contraire les deux femmes lui disoient qu'il faisoit bien de résister aux instances de la dite Deschamps ;

Lecture faite, etc., etc.

(Archives nationales, Y. 12.955)

G. — Le comte de Tobianski était marié à une demoiselle Hewlken, Saxonne. En 1738, voulant, pour être plus libre, se débarrasser de sa femme qui l'avait suivi à Paris, il sollicitait son expulsion. Un officier de la maison du Roi écrivait au lieutenant de police cette note, pour lui recommander le chambellan :

A Compiègne,

le 21 juillet 1738.

M. le comte de Towianski, grand chambellan de Pologne, vous racontera, Monsieur, son aventure avec une fille de basse extraction qu'il avoit épousée à Dantzick et qui est venue le chercher à Paris. Il souhaiteroit fort qu'on lui donnast un ordre de sortir du royaume et je vous prie, quand vous aurez été instruit de ses raisons, de vouloir bien me dire votre avis. Elle est luthérienne et étrangère ; sur le pied d'avanturière, la chose paroit assés faisable, mais elle mérite pourtant toute votre attention, parce que la France preste un azile ouvert à tout le monde. Le roy n'a qu'à faire d'entrer dans la validité ou l'invalidité de son mariage et M. le comte de Towianski est pensionnaire de Sa Majesté, à qui en particulier je serois bien aise de faire plaisir, suposé pourtant qu'il n'y eut aucun inconvénient. Je vous honore, Monsieur, très parfaitement.

Cette recommandation obtenait un plein succès et, le 28 juillet, la comtesse de Tobianska, expulsée par mesure de police, quittait Paris « dans une berline à quatre chevaux et deux domestiques « (*Archives de la Bastille*, 10.286 ; Surveillance des Etrangers).

Dès lors, le vieux chambellan se livrait sans contrainte à ses goûts libidineux. Il était si connu de toutes les prostituées et procureuses de Paris que la Gentil, proxénète, lui écrivait (sans date) le billet suivant, conservé aux *Archives de la Bastille* (10.251).

Monsieur,

Pardon sy jose espérer que vous escuserés la liberté que je prend davoir l'honneur de vous escrire sans avoir celluy de vous connoistre assé particuliérement.

Mais j'espère que vous ne me sauray pas mauvais gré de vous donner avis que je connois une jeune pucelle qui est une blonde des plus parfaite en beauté et en douceur. Elle apartiens à père et mère de famille, mais que la dureté du tems a réduit dans le besoin et resoudes à consentir que leur fille ait un amant de condition qui puisse faire du bien à cette petitte innocente, de crainte que la misère ne la réduisent à se prostituer. Comme jé l'honneur de vous connoistre de reputation, jé pencé qu'il ny avoit pas de seigneur d'une plus judicieuse generosité et qui méritas mieux cette déférance que vous, Monsieur, et je me flatte que vous ne me voudrés pas de mal du choix que je fais de vostre illustre personne, et vous offrant toute preuve à l'égard de la petite fille comme je vous acusent; elle n'a pas treize ans, mais elle est formée comme une fille de dix-huit ans, ayant les plus charmantes dispositions du monde ; chachant que vous êtes plus délicats connoisseur des partisants de ce siècle du beau sexe, j'ay l'honneur d'être respectueusement, Monsieur, vostre très humble et très zélée servante.

Jeantil.

Ma demeure est rue Mazarine, aux armes de France, chez un carossier, au premier au fond de la cour. Paris ce 6 février.

L'agent Meusnier s'occupe fréquemment des fredaines du vieux céladon. Cueillons, au hasard de ses rapports :

3o septembre 1750. — M. le comte de Tobianski que les catins appellent le grand Chambellan vient de donner à la D^lle Sauvage 180 aulnes de damas cramoisy; pour sçavoir au juste ce qu'il en falloit, il voulut mesurer les murailles de son appartement et la Sauvage lui fit mesurer jusqu'à celles de sa cuisine, suivant en cela le proverbe qui dit : « Quand on prend du galon on n'en sçauroit trop prendre ». Après qu'il lui eut envoyé cette étoffe, il vint la gueule enfarinée chez elle comptant qu'il n'y avoit qu'à se baiser et en prendre ; mais on lui fit entendre qu'il falloit encore un lit et notre

vieux paillard, après bien des contestations, lâcha encore
4oo livres ; après quoi on fit ce qu'il voulut.

Le voilà totalement installé chés la donzelle, et il lui a
envoyé le fauteuil et le coussin ; pour l'intelligence de cecy il
faut scavoir que le vieux comte, usé jusqu'à la corde, et plus
paillard qu'un jeune homme, met tout en usage pour jouir
encore, malgré le froid de la vieillesse, des plaisirs de
l'amour...

(Ici, des détails tellement obscènes sur les habitudes
et les postures de Tobianski, que nous ne pouvons
les reproduire).

... Le comte Tobianski est grand chambelland du roi de
Pologne ; il s'est fixé depuis longtemps à Paris et demeure
faubourg Saint-Honoré.

Il tient registre de tout ce qu'il donne aux filles qu'il voit
et qui sont en grand nombre, car les appareilleuses lui en
amènent de tous les côtés, et la Sauvage ayant eu l'imprudence de l'appeler vieille perruque en badinant, il s'en fut
chez lui tout en colère, et ne fut pas plutost entré qu'il lui
écrivit la lettre du monde la plus singulière.

Il lui marquoit premièrement, les dates, jour par jour, et
heure par heure, de tout ce qu'il lui avoit envoyé ; ensuite il
lui reprochoit son peu de goût et prétendoit encore valoir à
85 ans un jeune seigneur ; puis il se vantoit d'avoir des femmes de la première volée ; enfin il finissoit sa lettre pour
exhorter la Sauvage à lui aller demander pardon. Et comme
elle en veut encore tirer une pendule, elle est résolue d'y
aller. La D^lle Sauvage demeure rue Neuve-des-Petits-Champs,
au coin de la rue Royale. Elle a sur son compte le chevalier
Clermont d'Amboise, colonel du régiment de Bretagne
(BIBL. DE L'ARSENAL, *Archives de la Bastille*, 10.242).

15 avril 1752. — Le chambelland de Pologne assura à la
D^lle Bellinot qu'il alloit l'entretenir. On rapporte une histoire toute récente au sujet de cet amant octogénaire qui
prouve, si elle est vraie, qu'il n'est pas aussi généralement la
dupe des hommes comme il l'est des femmes. Il y a quelques années qu'il tient à loyer de M. de Langeois, ancien
fermier des poudres, une petite-maison située à Nogent-sur-
Marne. Comme le chambellan n'y alloit presque jamais, cette
maison deperissoit faute de quelques menues réparations

faites à propos ; en sorte que, pour obvier à cet inconvénient,
M. de Langeois lui proposa de les faire faire à ses frais,
moyennant qu'il consentiroit à la résiliation du bail de neuf
années qu'il lui en avoit fait, puisqu'il n'en faisoit aucun
usage. Le chambellan ayant consenti verbalement à la proposition, M. de Langeois, qui crut qu'il n'étoit point nécessaire d'autre sûreté, fit sur-le-champ réparer cette maison,
l'embellit même et la rendit plus commode qu'elle n'étoit
auparavant, comptant en cela travailler pour lui. Mais lorsqu'aux termes de leur accord verbal, il lui demanda à l'oc-
cuper, le chambellan lui opposa son bail, qui ne se trouvant
annulé par aucun écrit, lui sert de titre pour la tenir jusqu'à
l'expiration du terme limité, et depuis qu'elle est logeable il
y va souvent avec la D^{lle} Bellinot M. Danguy, fermier général, et quelquefois avec M. l'ambassadeur de Hollande (*Ibi-
dem* : 10.235).

(**H**.). — Déposition du sieur Brunet, marchand mercier, principal témoin de la Deschamps dans son
instance en séparation d'avec son mari :

Le sieur Mathieu Brunet, etc... dépose qu'il connoit les
sieur et dame Deschamps depuis environ sept ans, qu'il ne
les a jamais vus habiter ensemble ; sçait que ledit sieur
Deschamps a couru les provinces avec différentes troupes de
comédiens, abandonnant sa femme et la laissant manquer de
tout avec un enfant qu'elle a eu depuis son mariage ; sçait
que ladite demoiselle Deschamps a néanmoins donné tous les
secours possibles à sa dite fille en s'épargnant elle-même
pour lui donner une éducation convenable dans un couvent
où elle est encore ; sçait que pour subvenir aux dépenses de
l'éducation de sa dite fille et se procurer à elle-même les secours de la vie, elle a été forcée d'entrer à l'Opéra, contre son
inclination ; sçait que le sieur Deschamps est un homme débauché et livré à tous les vices, n'ayant jamais pu rester nulle
part par sa fainéantise et sa mauvaise conduite ; qu'elle lui
avoit, dans tous les tems, fait les représentations convenables,
pour qu'il changeât sa conduite et se mît en l'état de faire
quelque chose, ce à quoi il n'avoit jamais voulu se prêter,
malgré les démarches de sa dite femme qui n'avoit, pour
les bons avis qu'elle lui donnoit, éprouvé que des mauvais
traitemens ;

Que, notamment, le jour de Notre-Dame d'Aoust de l'année dernière, lui, déposant, s'étant trouvé chez la demoiselle
Deschamps sur les dix à onze heures du matin, que ledit
sieur Deschamps y vint et dit à sa femme en entrant : « Madame,
j'ai perdu tout mon argent hier au soir au jeu, il faut m'en
donner tout-à-l'heure, sinon je vous coupe les deux bras ».
Que sa dite femme lui répondit : « Mais, Monsieur, vous sçavez
bien que je n'ai pas d'argent et que j'ai toute la peine du
monde à pouvoir vivre avec ma fille de mes appointemens de
l'Opéra ; ne cesserez-vous jamais de me persécuter, depuis

le tems que vous me prenez et m'emportez tout ce que j'ai » ;
que le dit sieur Deschamps lui répliqua qu'elle étoit une foutue putain, une foutue gueuse, une foutue garce ; qu'une foutue putain comme elle qui couchoit avec tout le monde ne
devoit pas manquer d'argent et qu'il falloit qu'elle lui en donnât absolument et sur-le-champ ; lui donna deux ou trois
coups de poing dans le visage qui lui firent sortir le sang par
le nez et la bouche; lui dit : « Hé bien, foutue garce, si tu
n'as pas d'argent, donne-moi tes diamans, je les vendrai » ;
que sa dite femme lui dit : « Mais, Monsieur, vous sçavez bien
qu'ils ne sont pas à moi, que je les ai empruntés pour le théâtre » ; à quoi il répondit que cela ne lui faisoit rien et qu'en
même tems tira son couteau de chasse et lui en donna deux
ou trois coups sur la tête qui la blessèrent fort ; qu'alors le
déposant le retira de dessus sa dite femme avec deux autres
personnes et la fille de chambre qui étoient entrés par ses
cris ; que pendant ce tems le dit sieur Deschamps chercha sur
la toilette de sa dite femme afin d'y trouver les diamans qu'il
demandoit, mais il ne les trouva pas; qu'il revint sur sa dite
femme comme un furieux et que le déposant ainsi que les
deux autres personnes survenues empêchèrent de nouveaux
mauvais traitements; qu'il se contenta de prendre quelque peu
d'argent qu'elle avoit dans ses poches qui étoient sur un fauteuil; qu'ensuite il lui dit: « Foutue putain, tu es bien heureuse qu'il y ait icy du monde présent, car je t'aurois coupé
les bras et les jambes » et s'en alla en continuant de l'invec-
tiver ;

Que le lendemain du Jour de l'An dernier, sur les dix heures du matin, le déposant se trouvant encore chez la dite dame
Deschamps et dans son antichambre, attendant qu'elle fût
visible, avec trois ou quatre autres personnes qui y étoient
aussi, il y vit arriver le dit sieur Deschamps yvre qui s'adressa
à la femme de chambre et lui dit : « Parle donc, bougresse, est-
ce que ta foutue putain de maîtresse n'est pas levée ? » ; que la
dite femme de chambre lui répondit : « Non, Monsieur, elle
est dans son lit, bien malade, je vous en prie, n'y entrez pas,
car vous la feriez mourir » ; que, sur-le-champ, ledit sieur
Deschamps enfonça la porte à grands coups de pied, entra
dans la chambre de sa femme, la prit par les cheveux et la
traîna toute nue de son lit au milieu de la chambre, tira son
couteau de chasse et lui en donna plusieurs coups sur la tête
et sur le corps en lui disant : « Foutue putain, je sçais que tu as
de l'argent, il me le faut tout à l'heure, ou bien ce sera aujour·

d'hui le dernier de tes jours »; que la dite dame Deschamps
étoit évanouie sur le carreau, saignant de plusieurs endroits,
que les personnes présentes et le déposant le retirèrent de
dessus sa dite femme, sans quoy il est certain qu'il l'auroit
tuée; qu'ils mirent la dite dame dans un fauteuil; que pendant qu'ils étoient occupés à la faire revenir de son évanouis-
sement, le dit sieur Deschamps, furieux de ce qu'ils s'oppo-
soient à son dessein, fut au lit de sa dite femme d'où il tira la
couverture, draps, matelats, paillasse, qu'il jetta dans la dite
chambre et dans lequel lit il trouva deux rouleaux qui paru-
rent au déposant être chacun de cinquante louis d'or, lesquels
il mit dans sa poche; ensuite il fut à la toilette de sa dite
femme, chercha dans les boîtes-quarrés d'icelle; dans l'un
des quarrés il trouva plusieurs diamans qu'il mit aussi dans
sa poche ; que la femme de chambre fut alors à lui, repre-
senta que les diamans n'étoient point à sa maîtresse, qu'il savoit bien qu'elle les avoit empruntés pour le théâtre, que s'il
les emportoit, sa maîtresse seroit perdue, n'étant pas en état
de les payer, que le dit sieur Deschamps lui dit : « Retire-toi,
foutue putain, sans quoi je t'en ferai autant qu'à ta maîtresse »; qu'ensuite il gagna la porte et s'en alla.

Que le jour de Notre-Dame de mars dernier, le dit déposant étant chez la dite dame Deschamps à dîner avec deux
autres personnes, comme ils étoient encore à table, le dit
sieur Deschamps entra yvre et furieux, dit à sa femme :
« Allons, Madame, sortez tout-à-l'heure de table, montez
dans votre chambre, je veux vous parler en particulier »; que
la dite dame Deschamps suivit son mari, tout effrayée, au
second appartement; ce que voyant, la femme de chambre
qui craignoit pour sa maîtresse la suivit; qu'un moment après
l'on entendit des cris affreux tant de la dite femme Deschamps
que de sa femme chambre; ce qui obligea le déposant et les
deux autres personnes de monter ; qu'étant entrés dans la
chambre, ils trouvèrent ledit sieur Deschamps qui tenoit sa
femme sous lui, laquelle il eût étranglée sans leur secours,
qu'il lui avoit donné plusieurs coups desquels elle perdoit
beaucoup de sang, qu'ils le retirèrent de dessus sa dite femme
et ensuite le dit sieur Deschamps fut à la cheminée qui étoit
garnie de porcelaines et les jetta toutes sur le carreau ; qu'il
dit ensuite à sa dite femme: « Eh bien ! foutue garce, foutue
putain, me donneras-tu de l'argent? Si tu ne m'en donnes pas
tout-à-l'heure, je te mettrai comme tes porcelaines, en mille
pièces »; que l'on fit au dit sieur Deschamps toutes les repré-

sentations possibles, lequel voyant que l'on s'opposoit à ses
desseins, fut obligé de s'en aller en disant à sa dite femme
qu'il reviendroit bientôt, qu'elle n'avoit qu'à s'arranger pour
lui donner de l'argent ;

Qu'il y a environ six semaines ou deux mois, étant, lui,
déposant, allé chez la dite dame Deschamps, le dit sieur, son
mari, y arriva au même moment; qu'il demanda de l'argent à
sa femme, qu'après lui avoir dit qu'elle n'en avoit pas, il lui
dit : « Arrange-toi comme tu voudras, bougresse, il m'en
faut trouver beaucoup sous peu de jours, attendu que je fais
louer une maison, laquelle il faut meubler et de plus on
exige que tu signes sur le bail, ce qu'il faut que tu fasses,
sans quoy, je te parlerai »; que la dite Deschamps lui dit :
« Mais, Monsieur, que voulez-vous faire d'une maison, n'avez-
vous pas assez de l'appartement que vous occupez ? » — « En
un mot, dit le sieur Deschamps, il faudra bien que cela soit ».

Sçait que pour éviter les menaces, esclandre et mauvais traitemens de son mari, elle a contracté beaucoup de dettes, tant
pour lui fournir de l'argent et payer les dettes qu'il a con-
tractées pour raison desquelles les meubles de la dite Deschamps ont été saisis différentes fois, que pour l'acquisition,
réparations et payement de ceux que son mari lui a cassés.
De façon qu'elle doit beaucoup ; et sçait aussi que plusieurs
des effets qu'elle a chez elle ne lui appartiennent pas, étant par
elle dus. Qui est tout ce qu'il a dit sçavoir; lecture à lui
faite, etc... *Signé* : Brunet.

(Archives nationales : Y 11.573).

I. — Plaintes respectives de l'architecte Pruneau
contre la Deschamps et de la Deschamps contre Pruneau.

*Le sieur Pruneau de Montlouis, architecte, se plaint
d'avoir été menacé et traité de fripon par Mlle Marie-
Anne Pagès, dite Deschamps, à propos d'un règlement de
comptes.*

L'an 1758, le mardi 4 avril, huit heures du soir, en l'hôtel
de nous, Michel-Martin Grimperel, est comparu sieur Jean-
Louis Pruneau de Montlouis, architecte, l'un des soixante
experts du Roi, demeurant à Paris, rue Beaubourg, paroisse
St-Nicolas-des-Champs. Lequel nous a dit : qu'il y a six ou
huit mois, la dame Deschamps, danseuse de l'Opéra, le char-
gea de conduire différens ouvrages qu'elle vouloit faire faire
pour l'embellissement d'une maison qu'elle occupe rue
St-Nicaise ; que lui, comparant, fit faire lesdits ouvrages ;
qu'il y a environ quinze jours ladite dame Deschamps char-
gea le comparant de régler un Mémoire qui lui avoit été présenté par un nommé Leroi, treillageur, qui avoit travaillé
dans le jardin de ladite maison ; que cejourd'hui sur les cinq
heures de l'après-midi, lui, comparant, ayant été chez ladite
dame Deschamps et lui ayant remis ledit Mémoire, ladite
dame Deschamps a trouvé que le Mémoire étoit réglé à un
prix trop haut ; que ladite dame Deschamps s'est répandue
contre le comparant en discours injurieux et l'a même traité
de fripon ; que lui, comparant, piqué d'entendre le propos
de ladite dame Deschamps, lui a dit que si elle n'étoit pas
contente de son règlement, elle pouvoit lui rendre ledit
Mémoire et le faire taxer par un autre ; que ladite dame Deschamps, loin de lui rendre ledit Mémoire, l'a menacé d'un
homme qu'elle a nommé le sieur de Létorière ; qu'effectivement elle a appelé ledit sieur de Létorière ; qu'à l'instant s'est
présenté un particulier en robe de chambre qui a beaucoup

maltraité le comparant de paroles, l'a menacé, et a appelé,
ainsi que ladite Deschamps, plusieurs domestiques ; que lui,
comparant, craignant de recevoir des mauvais traitemens de
la part desdits domestiques, est descendu ; qu'alors lesdits
domestiques l'ont suivi et ladite dame Deschamps et le sieur
de Létorière ont dit aux domestiques de donner à lui, comparant, cent coups de bâton ; qu'à l'instant ces domestiques,
armés de bâtons et de broches, se sont jetés sur le comparant ; ce qui a mis le comparant dans le cas de mettre l'épée
à la main pour se défendre ; que lesdits domestiques l'ont
suivi jusque dans la rue ; qu'alors voyant qu'ils ne pouvoient
approcher du comparant, lesdits domestiques lui ont jeté les
bâtons et les broches qu'ils tenoient, qu'il a été frappé d'un
desdits bâtons sur le bras gauche, duquel coup il nous a
déclaré ressentir de très vives douleurs. Ajoute le comparant
que ladite dame Deschamps, ledit sieur de Létorière et lesdits
domestiques crioient et disoient au portier de fermer la porte
et de ne pas laisser sortir le comparant ; qu'heureusement
ledit portier n'a pas entendu les ordres qui lui étoient donnés
et a laissé sortir le comparant qui, par ce moyen, a évité les
mauvais traitemens qu'il auroit infailliblement reçus dans
cette maison ; que comme cette action ne peut être regardée
que comme un assassinat et que le comparant a un intérêt sensible d'avoir une réparation. il a pris parti de se retirer pardevant nous pour nous rendre plainte. *Signé* : PRUNEAU
DE MONTLOUIS.

*Plainte de Mlle Marie-Anne Pagès, dite Deschamps,
contre son architecte qui l'avoit injuriée et menacée à propos d'un règlement de comptes.*

L'an 1758, le mardi 4 avril, sept heures du soir, nous, Gilles-Pierre Chenu, etc., ayant été requis, sommes transporté
rue Saint-Nicaise. en une maison où demeure la dame Deschamps, où étant monté en un appartement au premier étage
et entré dans une chambre ayant vue sur ladite rue, est comparue pardevant nous Marie-Anne Pagès, femme du sieur
Jean-Baptiste Bursé-Deschamps, bourgeois de Paris, elle attachée à l'Académie royale de musique, demeurante en ladite
maison. Laquelle nous a rendu plainte et dit qu'elle auroit
chargé le sieur Pruneau de Montlouis, architecte, de la conduite de différens ouvrages qu'elle a fait faire en ladite mai-

son et particulièrement de faire garnir le jardin de treillages
sur les plans et dessins que ledit sieur de Montlouis lui avoit
donnés, à condition néanmoins que lesdits treillages ne coû-
teroient à la plaignante que 25 louis au plus ; qu'en conséquence de ses ordres, ledit sieur de Montlouis auroit fait
faire, par un treillageur qu'il a procuré à la plaignante, tous
les treillages nécessaires et lorsqu'ils ont été finis, il a présenté
à la plaignante, il y a environ 15 jours, le Mémoire de ces
ouvrages montant à 1.500 livres. A quoi la plaignante, lui
représenta qu'elle ne vouloit point y mettre plus de 25 louis,
qu'elle avoit toujours compté là-dessus et qu'il l'avoit assurée
que cela ne passeroit pas cette somme ; que sur ces représentations le sieur de Montlouis lui dit qu'il régleroit le Mémoire
de cet ouvrier et le remporta ; que ledit sieur de Montlouis,
revenu ce jourd'hui sur les quatre à cinq heures chez la plaignante, lui auroit présenté un Mémoire par lui réglé à une
somme de 1.488 livres 1 sol 4 deniers ; que la plaignante,
après l'avoir examiné, fit observer audit sieur de Montlouis,
que le Mémoire n'étoit pas exact ni fidèle ; que le calcul des
articles de l'ouvrier en étoit faux ; que suivant ledit Mémoire
le calcul desdits articles paraissoit avoir été calculé à une
somme de 2.849 livres 5 sols, tandis qu'il ne montoit réellement pas à une aussi forte somme ; ainsi qu'il étoit aisé de
le justifier par un nouveau calcul desdits articles et qu'il
étoit différent de celui qu'il lui avoit présenté ci-devant, qui
ne montoit qu'à 1.500 livres ; que sur ces représentations
ledit sieur de Montlouis dit à la plaignante qu'elle l'insultoit,
et voulut lui arracher des mains le dernier Mémoire par lui
arrêté, que la plaignante lui répondit qu'elle ne l'insultoit
point, qu'elle lui disoit des faits vrais et qu'au surplus elle
vouloit garder ce Mémoire afin d'être en état de prendre un
parti ; qu'aussitôt ledit sieur de Montlouis se jeta sur elle tout
furieux, voulant lui arracher de force ledit Mémoire et lui dit
beaucoup d'injures. Mais qu'enfin elle retint ledit Mémoire
qui, à force d'être tiré de l'un à l'autre, a été déchiré ; que
pendant cette scène, qui faisoit du bruit par les mauvais propos dudit sieur de Montlouis, est survenu dans l'appartement
de la plaignante un particulier de sa connoissance qui, voyant
les fureurs dudit sieur de Montlouis, lui représenta doucement qu'il ne lui convenoit pas de se disputer et même de se
battre contre une femme ; que sur cette représentation, ledit
sieur de Montlouis voulut attaquer ce particulier en lui disant
qu'il ne s'embarrassoit pas de lui, qu'il ne le craignoit pas et

qu'il n'avoit qu'à descendre en bas qu'il lui répondroit ; que
la plaignante fatiguée des mauvais propos et violences dudit
sieur de Montlouis et craignant d'ailleurs que ses emporte-
mens n'occasionnassent chez elle une scène vis-à-vis du particulier qui étoit suivi de ses domestiques, voulut faire sortir
de chez elle ledit sieur de Montlouis, qui le refusa, que sur
ce refus elle appela ses domestiques, qui firent sortir de son
appartement ledit sieur de Montlouis sans lui faire aucun
mal ; que ledit sieur de Montlouis vomissant toujours des
injures indécentes contre ce particulier en descendant l'escalier, les domestiques de ce même particulier qui attendoient
leur maître dans la cour voulurent le faire sortir promptement de ladite maison pour empêcher leur maître d'entendre
toutes les injures grossières qu'il débitoit contre lui ; que
ledit sieur de Montlouis mit l'épée à la main contre eux et
voulut en percer un, lequel, pour se défendre, fut obligé de
prendre une tringle de fer qu'il trouva sous sa main et, avec
cette tringle, para les coups que ledit sieur de Montlouis vouloit lui porter et le fit sortir de la maison, aidé de ses camarades. Et comme la plaignante a intérêt d'avoir réparation de
l'insulte qui lui a été faite dans sa propre maison par ledit
sieur de Montlouis, de la scène qu'il y a faite et de toutes les
suites même du meurtre qui auroit pu être commis chez elle
si le particulier eût entendu ses injures grossières et n'eût été
plus prudent que ledit sieur de Montlouis, elle a requis notre
transport pour nous rendre la présente plainte des faits ci-
dessus et nous a représenté ledit Mémoire que ledit sieur
de Montlouis lui à ce jourd'hui apporté, paroissant monter en
total, suivant l'ouvrier, à 2.489 livres, duquel total les chiffres paroissent surchargés, ledit mémoire sous deux feuilles
de grand papier dont les quatre premières pages seulement
sont écrites et enfin duquel sur la dernière page est l'arrêté
dudit sieur Pruneau de Montlouis, à la somme de 1.488 livres
1 sol 4 deniers, ledit Mémoire est déchiré par le milieu et
dont il paroit manquer quelques petits morceaux qui n'en-
dommagent ni le total d'icelui, ni l'arrêté dudit sieur
de Montlouis, lequel Mémoire est intitulé : *Mémoire des
ouvrages de treillages, faits en une maison sise à Paris
rue St-Nicaise, occupée par Mme Deschamps, faits par
Leroy le jeune, treillageur sous les ordres de M. de Montlouis, architecte-expert du Roy, dans le courant des années
1757 et 1758,* elle a requis être de nous et d'elle signé et para-
phé *ne varietur,* pour lui être ensuite remis à fin d'en faire

tel usage qu'il appartiendra et de montrer à la justice la surprise pratiquée, puisque le montant dudit Mémoire par le
calcul qu'elle en a fait faire et qui paroit être de 2.489 livres
est forcé de plus de 950 livres dans le calcul seulement, au
moyen de laquelle erreur ledit sieur de Montlouis paroit avoir
diminué près de moitié, ce qui est un piège d'autant plus
répréhensible qu'il paroit réfléchi, réservant au surplus de se
pourvoir par les voies de droit. *Signé* : PAGÈS ; CHENU.

(ARCHIVES NATIONALES : Y 13.384 et Y 11,574).

(**J**). — Correspondance de la maison du Roi, à propos de l'arrestation et de l'évasion de la Deschamps.

Versailles, 19 juillet 1762.

A M. de Sartines,

Monsieur, je joins ici les ordres du Roy pour faire transférer la D^lle Deschamps des prisons de l'archevêché de Lyon, où elle est détenue, à Sainte-Pélagie, le tout à ses frais. Vous voudrez bien dire à celui que vous en chargerez d'aller prendre les ordres de M. Rochebaron, commandant à Lyon, pour concerter avec luy l'exécution de ceux du Roy. Je viens de lui écrire en conséquence.

Je suis, etc.

Versailles, 19 juillet 1762.

M. le marquis de Rochebaron, commandant à Lyon.

J'ai reçu, Monsieur, la lettre par laquelle vous m'informez de la détention de la D^lle Deschamps aux prisons de l'archevêché de Lyon, et du détail qui concerne cette affaire par rapport à M. le baron de Senlis (*sic*), lorsque cette fille est partie avec lui de Paris ; il a été nécessaire de donner des ordres très prompts pour la faire rejoindre sur la route et M. l'intendant de Lyon s'étant trouvé à Paris ce jour-là, M. de Sartines les lui remit pour les faire exécuter ; mais vous recevrez incessamment les ordres du Roy, pour faire transférer cette fille des prisons où elle est à Sainte-Pélagie, le tout à ses frais. Je mande à M. de Sartines en lui envoyant les ordres du Roy de dire à celui qu'il en chargera d'aller prendre les vôtres à son arrivée. Je vous serois très obligé de vouloir bien me faire part de l'exécution des ordres de S. M. et du tems où vous ferez partir la D^lle Deschamps. Vous connaissez les sentimens avec lesquels je suis, plus parfaitement que personne du monde, etc.

Versailles, le 28 juillet 1762.

M. le marquis de Rochebaron,

Il est certain, Monsieur, que l'évasion de la D^lle Deschamps s'est faite d'une manière à faire soubçonner de l'intelligence dans les prisons, et les guichetiers sont très punissables d'avoir laissé sortir de grosses malles sans les visiter. Je crois que, pour l'exemple, ils mériteroient d'être chassés, ou du moins retenus longtems au cachot; cette fuite est fâcheuse pour nombre de personnes à qui cette fille doit assés considérablement. J'ai l'honneur d'être, avec un très parfait attachement, etc. .

Versailles, le 1er août 1762.

A M. le marquis de Rochebaron.

Il est extraordinaire, Monsieur, que le concierge d'une prison ait laissé un valet de chambre et une femme de chambre auprès de Mademoiselle Deschamps C'est une preuve qu'il étoit d'intelligence de son évasion, et il mérite d'être puni en le retenant lui-même en prison; il est encore plus blâmable que les guichetiers.

Vous ne pouvez, Monsieur, qu'être très approuvé d'avoir fait arrêter le patron Chosepoule pour s'être chargé de conduire cette femme sur le Rhosne sans en avoir obtenu votre permission ; il faudroit, s'il vous plaît, tâcher de sçavoir de lui où il l'a débarquée, si c'est à Avignon ou dans quelque autre endroit. Vous voudrez bien vous-même décider du tems que vous croirez devoir faire durer la punition de ce battellier.

Il est toujours heureux qu'on ait pu se saisir des trois malles d'effets appartenant à cette femme. Il est nécessaire que vous ayiez la bonté de faire faire un inventaire de ce qu'elles contiennent, affin qu'on puisse ensuite prendre les mesures pour en faire la vente à Lyon et payer, sur le prix de cette vente, les frais qui ont été faits à l'occasion de ladite demoiselle Deschamps et des gratifications que vous croyez devoir proposer pour les personnes que vous avez employées depuis son évasion. Je vous supplie d'être toujours persuadé du très parfait attachement avec lequel j'ai l'honneur d'être, etc...

Versailles, le 20 août 1762.

A M. le marquis de Rochebaron,

Vous êtes le maître, Monsieur, d'accorder la liberté aux guichetiers de la prison de Lyon lorsque vous le jugerez à propos. La punition qu'ils ont subi les rendra plus attentifs, au surplus le concierge a eu, dans cette occasion, plus de torts qu'eux et j'en écrirai à M. l'Archevêque de Lyon, afin qu'il donne des ordres pour qu'ils soient plus attentifs.

Vous ne pouvez, Monsieur, qu'être approuvé d'avoir fait rendre à M. de Salis les effets qu'il a réclamés comme lui appartenant ; à l'égard de ceux de la demoiselle Deschamps, je vous suis très obligé de m'en avoir fait passer l'état ; vous voudrez bien les faire garder pour être renvoyés à Paris à son mary, qui les réclame et qui se soumet à payer tous les frais, suivant qu'ils ont été réglés et auxquels il conviendra d'ajouter dix ou douze écus pour les soldats du guet et leur salaire pour avoir prêté main-forte. Lorsque le mary de la demoiselle Deschamps aura satisfait à ces objets, il n'y aura point de difficulté à lui remettre, ou à lui faire adresser par la voye qu'il indiquera, les effets qui appartiennent à sa femme. Je vous supplie d'être toujours persuadé du très parfait attachement avec lequel je suis, etc.

(Archives nationales : *Maison du Roi* ; *Dépêches* ; O¹404).

FIN DES ANNEXES.

Index des noms cités

Table des Matières

ANNEXES

Achevé d'imprimer

à Laval

le lundi 23 octobre 1905

sur les presses de

L. BARNÉOUD et Cie

pour

PLESSIS, libraire

à Paris.

Des mêmes Auteurs :

G. Capon et R. Yve-Plessis : *Paris galant au dix-huitième siècle :
Les Théâtres clandestins.* Ouvrage orné de 8 planches. *Paris,*
1905, 1 vol. in-8, tiré à 530 exemplaires . . .   15 fr.

G. Capon et R. Yve-Plessis : *Lettres d'Amour de Cyrano de Ber-
gerac,* publiées sur le manuscrit inédit de la Bibliothèque
nationale, avec une introduction. Ouvrage orné d'un portrait en taillé douce. *Paris,* 1905, 1 vol. petit in-8, tiré à
310 exemplaires . . . .   7 fr. 50

G. Capon : *Les Petites-Maisons galantes de Paris au XVIII* siècle.*
1 vol. in-8. *Epuisé.*
Les Maisons closes au XVIII siècle.* 1 vol. in-8. *Epuisé.*

G. Capon et H. Vial : *Journal d'un bourgeois de Popincourt.* Paris,
1900, in-8 . . . .   5 fr.

R. Yve-Plessis : *Essai d'une Bibliographie française de la Sorcel-
lerie.* Avec une préface par Albert de Rochas. Ouvrage
orné de sept planches. *Paris,* 1900, 1 vol. in-8, tiré à
500 exemplaires . . . .   10 fr.
*Petit Essai de Bibliothérapeutique, où l'art de soigner les livres
vieux et malades.* 1 vol. in-12. *Epuisé.*
Bibliographie de l'Argot et de la Langue verte, du XV au
XX* siècle.* 1 vol. in-8. *Épuisé.*

LAVAL. — IMPRIMERIE L. BARNÉOUD ET Cⁱᵉ.

9 782329 378961